小学音乐课堂实操手册

尚世杰◎主编

东北师范大学出版社
长 春

图书在版编目（CIP）数据

小学音乐课堂实操手册 / 尚世杰主编. — 长春：东北师范大学出版社，2020.12
ISBN 978-7-5681-7605-7

Ⅰ. ①小… Ⅱ. ①尚… Ⅲ. ①音乐课—课堂教学—教学研究—小学 Ⅳ. ①G623.712

中国版本图书馆CIP数据核字（2020）第263836号

□责任编辑：石　斌　　□封面设计：邓　璨
□责任校对：刘彦妮　张小娅　□责任印制：许　冰

东北师范大学出版社出版发行
长春净月经济开发区金宝街 118 号（邮政编码：130117）
电话：0431-84568115
网址：http：//www.nenup.com
北京言之凿文化发展有限公司设计部制版
北京政采印刷服务有限公司印装
北京市中关村科技园区通州园金桥科技产业基地环科中路 17 号（邮编：101102）
2022年6月第1版　2022年6月第1次印刷
幅面尺寸：140mm×203mm　印张：10　字数：221千

定价：45.00元

编 委 会

主　编：尚世杰

编　委：（按姓氏笔画排序）

王　进　古莉莉　陈贤军　陈　思

陈　菡　杨　竹　杨　双　李叶子

李珮旗　周亚辉　奉泉芳　潘彦瑾

目录

第一章　教学常规

"点兵点将"让自信的声音唱出来 / 潘彦瑾 …… 2
"工地"上的音乐课 / 尚世杰 …… 4
《规则歌》让器乐课堂变得有序 / 杨　双 …… 6
保护"你"的自尊 / 尚世杰 …… 8
大班额的花样队形 / 尚世杰 …… 9
被关注的孩子进步了 / 李叶子 …… 10
放牛班的春天 / 尚世杰 …… 11
抗干扰的力量 / 尚世杰 …… 12
课前的组织教学 / 杨　竹 …… 13
木偶人游戏 / 奉泉芳 …… 15
男生女生穿插着排座 / 周亚辉 …… 16
你可以控制你自己 / 尚世杰 …… 18
巧用"音色"调节课堂 / 周亚辉 …… 20
在琴声中建立规则 / 杨　竹 …… 21
让每个学生都有事可做 / 王　进 …… 22
让音乐"说话" / 陈　菡 …… 23
三角铁的妙用 / 杨　双 …… 24
图画中的秘密 / 尚世杰 …… 25
团结力量大 / 奉泉芳 …… 27

我来给你拍个照 / 王　进 …… 28
小组合作学习的约定 / 杨　双 …… 29
一起玩节拍 / 周亚辉 …… 30
音乐课前的声势律动 / 李叶子 …… 31
用律动的方式做好课前准备 / 李叶子 …… 32
用音乐的方式调整课堂 / 陈　思 …… 33

第二章　歌唱教学

有意思的练声曲 / 陈　菡 …… 36
“顿音”演唱 / 杨　竹 …… 38
歌词相似乐句的区分 / 杨　竹 …… 39
唱好八分休止符 / 奉泉芳 …… 40
把容易忽略的音唱准 / 潘彦瑾 …… 42
把握演唱风格唱出心中的歌 / 尚世杰 …… 44
波音的形态体验 / 杨　竹 …… 45
唱好顿音 / 潘彦瑾 …… 46
唱好二声部 / 古莉莉 …… 47
唱好歌曲中间的弱起拍 / 奉泉芳 …… 48
唱好歌中的八度大跳 / 尚世杰 …… 49
唱好乐句间的连接 / 陈　思 …… 50
唱好密集型节奏 / 杨　双 …… 52
唱好前紧后松的节奏（X X X）/ 李叶子 …… 53
唱好弱起小节 / 李叶子 …… 54
唱好下行旋律 / 奉泉芳 …… 55

看指挥唱好渐慢 / 王 进……56
音高要让你“看到” / 陈 菡……57
唱好休止符 / 奉泉芳……59
唱好旋律中的跳进 / 尚世杰……60
创设情境学唱二声部 / 尚世杰……62
大切分节奏 / 陈 思……64
动作辅助歌唱 / 尚世杰……65
多声部教学方法 / 陈贤军……66
二拍子 / 杨 竹……68
二声部轮唱教学法 / 陈贤军……69
分解音乐教学中的难点 / 陈 菡……71
附点节奏型 / 古莉莉……72
学习二声部轮唱 / 潘彦瑾……73
感受非洲音乐 / 陈 思……74
感受乐句 / 尚世杰……75
感知音的高低 4（fa）/ 陈贤军……77
感知音的长短 / 杨 竹……79
高音区也可以唱得很自然 / 潘彦瑾……81
高音长音还能这样唱 / 陈 菡……82
如何正确有效地区分相似乐句 / 李珮旗……83
歌唱中二声部的拓展 / 李珮旗……84
歌曲的情绪表达 / 陈 菡……85
歌曲中的异域风情 / 陈 菡……87
歌曲中休止符号要唱出意蕴 / 杨 竹……88
混合拍子及变换拍子 / 陈 菡……89
记住手号 / 杨 双……91

加垫音辅助唱好一字多音 / 李叶子…………………………… 93
加个二声部让演唱更尽兴 / 尚世杰…………………………… 95
加入伴读的歌唱 / 尚世杰…………………………………… 97
建立内心节拍感 / 尚世杰…………………………………… 98
建立稳定的节拍感 / 尚世杰………………………………… 99
教唱歌曲合唱部分有所思 / 潘彦瑾…………………………… 100
结束在高音也要唱好 / 李珮旗……………………………… 101
句尾的时值要唱得饱满 / 奉泉芳…………………………… 102
老歌新唱 / 古莉莉…………………………………………… 103
利用舞蹈动作辅助歌曲学习 / 古莉莉………………………… 104
利用小乐器体验渐强与渐弱 / 李叶子………………………… 106
恰到好处地表达歌中的强弱 / 奉泉芳………………………… 107
让低年段学生更清晰地认识到节拍 / 李珮旗………………… 108
容易唱错的地方要“巧”设计 / 尚世杰……………………… 109
如何让歌声不拖沓 / 尚世杰………………………………… 111
弱拍强起问题的处理 / 陈　菡……………………………… 113
弱起小节的起唱 / 尚世杰…………………………………… 114
弱起小节的学唱 / 尚世杰…………………………………… 115
三部教唱法——听、默、唱 / 尚世杰………………………… 117
神奇的手号 / 周亚辉………………………………………… 118
识谱可以这样“玩” / 李叶子 ……………………………… 120
打手号会唱歌 / 周亚辉……………………………………… 122
提升歌唱速度的技巧 / 陈贤军……………………………… 123
唱好歌曲中的休止符 / 李叶子……………………………… 125
填空唱谱 / 尚世杰…………………………………………… 127
调整歌唱中的音准 / 陈　思………………………………… 128

跳进音程这样唱 / 陈　菡……129
图谱提示演唱技巧 / 陈贤军……131
把三拍歌曲唱得有韵律 / 李叶子……133
五声调式怎么“玩” / 陈　菡……134
开开心心识乐谱、唱旋律 / 李珮旗……136
情绪渲染区别乐句 / 奉泉芳……137
用手势区分相同歌词不同旋律 / 王　进……138
相似旋律的区分 / 陈　菡……139
小学低年段浅尝二声部 / 杨　竹……141
休止的艺术 / 尚世杰……143
学习卡农 / 陈贤军……144
把握好韵律再进行二部轮唱 / 奉泉芳……145
认识切分音时值的小诀窍 / 王　进……146
歌儿是“听”会的 / 尚世杰……147
一口气唱一个长句子 / 王　进……149
一字多音加切分音的歌唱 / 尚世杰……150
一字多音可以这么教 / 尚世杰……152
用表情辅助音高音准 / 陈　思……153
用柯达伊手号练习和声 / 杨　双……154
用曲式结构帮助记忆歌曲 / 古莉莉……155
童趣语言化解歌唱难度 / 古莉莉……156
有趣的节奏对话 / 周亚辉……158
有趣的轮唱 / 古莉莉……160
运用阿卡贝拉的形式伴奏 / 陈贤军……161
运用手号辅助演唱歌曲 / 李叶子……162
怎样唱好渐强渐弱 / 王　进……163

音高与力度 / 奉泉芳………………………………………………… 164
怎样唱准相似的旋律 / 尚世杰………………………………………… 165
长短音节奏 X . X X X / 杨　双 ………………………………………… 166
找找生活中的“节奏” / 陈　菡 ……………………………………… 167
做好突弱的准备 / 王　进………………………………………………… 168
感知歌曲中的弱起乐句 / 李珮旗……………………………………… 169
用体态律动解决难点节奏 / 潘彦瑾…………………………………… 170
师生问答巧记歌词 / 潘彦瑾…………………………………………… 171

第三章　活动延伸

低年段学生感知三拍子在乐曲中的时值 / 李珮旗………………… 174
结合动作感受旋律 / 尚世杰…………………………………………… 175
边玩边唱 / 尚世杰……………………………………………………… 177
变出一个“圆” / 周亚辉 ……………………………………………… 178
创设情境欣赏音乐 / 尚世杰…………………………………………… 179
打击乐器的加入让歌曲更有趣 / 奉泉芳……………………………… 180
大附点节奏的体验 / 奉泉芳…………………………………………… 181
大家一起玩节奏 / 陈　菡……………………………………………… 182
读读拍拍学节奏 / 尚世杰……………………………………………… 184
分解难度拍一拍 / 周亚辉……………………………………………… 185
感受三拍子 / 陈　思…………………………………………………… 186
感知力度 / 杨　双……………………………………………………… 187
歌曲中的变换拍子可以这样设计 / 杨　双…………………………… 188
歌谣与节奏创编 / 尚世杰……………………………………………… 190

歌与舞的对话 / 尚世杰…… 191
巩固碰铃演奏，预设三拍子知识 / 尚世杰…… 192
节奏接龙 / 尚世杰…… 193
借助教具表现音乐 / 陈贤军…… 194
力度的控制 / 陈贤军…… 195
感受渐强渐弱 / 陈 思…… 197
利用音乐书玩固定节奏 / 周亚辉…… 198
律动辅助把握歌曲风格 / 陈贤军…… 199
律动中促进合作 / 奉泉芳…… 201
木鱼、碰铃和响板的演奏 / 尚世杰…… 202
拍拍唱唱体会二拍子 / 潘彦瑾…… 203
拍拍手，填一填 / 周亚辉…… 204
区分节奏和节拍 / 杨 双…… 205
认识时值 / 杨 双…… 206
认识新同学 / 尚世杰…… 207
认识音的长短 / 尚世杰…… 209
身体律动感受歌曲的结构 / 陈贤军…… 211
“十面埋伏”的课堂 / 尚世杰 …… 212
手的舞步 / 尚世杰…… 213
手脚配合感受大切分节奏 / 杨 双…… 215
四拍子固定音型的练习 / 尚世杰…… 216
提升注意力的唱谱游戏 / 陈 蕊…… 218
通过动作感知音乐的美 / 尚世杰…… 220
玩节奏 / 尚世杰…… 221
稳定节拍和创编节奏的练习 / 杨 双…… 223
音乐活动花样多 / 陈 蕊…… 224

用声势律动感知后十六节奏 / 杨　双 …… 226
有趣的乐器伴奏 / 古莉莉 …… 227
有趣的三拍子律动 / 陈　思 …… 229
运用律动和教具感受音乐的速度 / 陈贤军 …… 231
运用音乐戏剧的方式表现音乐 / 陈贤军 …… 233
在拍手游戏中学会大切分 / 古莉莉 …… 234
在自然行走中认识 X 和 X X / 尚世杰 …… 235
自制小乐器欢乐多 / 陈　菡 …… 236
走走停停建立空间感 / 尚世杰 …… 238
教无定势　学无定法 / 潘彦瑾 …… 239
节奏 copy 教学运用 / 陈贤军 …… 240

第四章　欣赏聆听

变奏的乐趣 / 尚世杰 …… 244
彩色的音乐 / 陈　思 …… 246
唱好 1 do 3 mi 5 sol / 陈贤军 …… 248
唱好 3 mi 5 sol 6 la / 陈贤军 …… 249
动作辅助感知音的长短 / 陈贤军 …… 251
感受下行旋律的情感色彩 / 奉泉芳 …… 253
感受音乐速度 / 奉泉芳 …… 254
感知旋律中的力度记号 / 陈　菡 …… 255
视觉流动辅助听觉输入 / 尚世杰 …… 257
数字符号教学法 / 陈贤军 …… 259
填充动作辅助聆听 / 尚世杰 …… 261

旋律线的另一种表现方式 / 尚世杰 …… 262
游戏辅助聆听 / 尚世杰 …… 263
在过门处加动作 / 尚世杰 …… 264

第五章 器乐教学

“身体乐器”敲响课堂欢乐的节拍 / 潘彦瑾 …… 266
初学竖笛不枯燥 / 杨 竹 …… 268
吹管器乐课中“默吹”的重要性 / 杨 竹 …… 269
打击器乐教学的分组 / 尚世杰 …… 270
儿歌与打击乐 / 尚世杰 …… 271
给打击乐器编号 / 李珮旗 …… 273
音条乐器教学的座位排列 / 尚世杰 …… 274
竖笛或葫芦丝课堂常规 / 杨 竹 …… 275
为歌曲配伴奏 / 陈贤军 …… 276

第六章 评价形式

设置奖励机制 / 古莉莉 …… 280
随机应变的点评 / 杨 竹 …… 281
音乐书上的评价记录 / 尚世杰 …… 283
音乐学科测评的 N 种方式 / 尚世杰 …… 284
还可以这样评价学生 / 王 进 …… 286
设计评价导语 / 李珮旗 …… 287

第七章　其他类型教学

导入新课的情境性 / 杨　竹…………………………………… 290
表演音乐幽默小品带来的启发 / 古莉莉…………………………… 291
创造属于自己的歌 / 杨　竹…………………………………… 292
多声部伴奏 / 陈　思…………………………………………… 293
教学语言的启发性 / 尚世杰…………………………………… 295
“真诚”化解了紧张 / 尚世杰 ………………………………… 296
开学第一课的见面“礼” / 尚世杰 …………………………… 297
看图，玩声音的游戏 / 古莉莉………………………………… 298
随机应变的课堂 / 尚世杰……………………………………… 299
提问的时机 / 古莉莉…………………………………………… 301
音乐书的妙用 / 尚世杰………………………………………… 302
音乐与生活 / 尚世杰…………………………………………… 303
用眼神“交朋友” / 陈　思 …………………………………… 304

第一章

教学常规

“点兵点将”让自信的声音唱出来

潘彦瑾

【发现问题】

歌唱教学环节过后，班里仍然存在一些不太和谐的声音，不是节奏跟不上，就是音准有偏差。

【分析原因】

个体之间的差异。

【解决策略】

采用“点兵点将”法，即教师用手指指向哪位同学，该同学就进行歌曲接龙的指导性教学。经过在课堂中多次使用，该方法能及时反馈学生歌唱的学习情况，并促使教师对学生及时进行一对一指导。

例如，在我所任教的二（4）班中有一个上课积极、敢于大胆表现，但唱歌时很容易跑调的小男孩，他每次在集体表演时看起来是那么动情，于是就忽略了他的音准问题。一次“点兵点将”游戏环节，轮到了男孩来接龙演唱，我很委婉地提出了他在唱歌时的不足并指导，而且在此后的音乐课中进行跟踪，一学期下来，小男孩的音准进步了很多，唱歌也越来越自信了。

【教学效果】

在自然班级的歌唱教学中，很容易出现“南郭先生”，教师也未能引起足够重视，或只关注到学生表面的投入，往往忽略学生的一些歌唱技巧，比如是否呼吸积极、节奏音调准确、吐字咬字干净、句法表达清晰等。“点兵点将”这个方法，充分体现了学科教学特色，对学生提高歌唱技巧很有帮助。这一方法可以反复应用于学生对歌曲的巩固学习阶段。

“工地”上的音乐课

尚世杰

【发现问题】

工地施工，三（2）班的教室离这里最近，受噪音的干扰也最大，尤其是挖掘机的“大爪子”从窗前划过时，教室里的几十双眼睛就会不约而同地望向窗外，老师的教学也因此终止，同学们开始躁动不安。

【分析原因】

好奇心转移了听课的注意力。

【解决策略】

当他们再一次把眼睛从窗外转回课堂的时候，我抓紧这个宝贵的机会，说：“外面的声音的确很吵，可是谁能从噪音中寻到老师的声音呢？来，我们试一试！”果然，教室里安静下来，他们像做寻宝游戏一样，开始在嘈杂的环境中寻找老师的声音。

【教学效果】

课堂上教师要善于发现真问题，解决真难题。遇到噪音干扰教学，通常教师都会采用关上门窗或用扩音设备等举动来排斥噪音，其实接纳噪音并把它变成教学资源，才是教学智慧。根据学生的年龄特点，教师用充满童趣的方法引导学生抵抗噪音干扰，不仅没有影响教学氛围，还让学生觉得充满挑战性，为此，大家都努力地把自己调整到一个良好的听课状态。

《规则歌》让器乐课堂变得有序

杨　双

【发现问题】

学生使用乐器时秩序较乱，拿、放乐器会出现吵闹、声音过大等现象。

【分析原因】

没有建立规则和养成好习惯。

【解决策略】

跟学生共同制定使用和拿、放乐器时的规则，并把规则编成歌词，配上简单的旋律，或者以学过的歌曲为旋律，把编写好的歌词唱出来。在使用乐器，拿、放乐器时教师和学生共同演唱这首师生创作的歌曲。例如，采用《新年好》的旋律，加入自编的歌词。

【教学效果】

把使用乐器的规则设计在熟悉的歌曲中，易于学生接受，且便于牢记使用乐器的要求。唱这首儿歌时最好配上动作，在音乐中用心体验规则。

附

1=C $\frac{3}{4}$

1 1 1　5̣ | 3 3 3　1 | 1 3 5　5 | 4 3 2　– |

小乐器　呀　要分类　呀，演奏乐　器　要用心。

2 3 4　4 | 3 2 3　1 | 1 3 2　5̣ | 7̣ 2 1　– ‖

使用乐　器　有秩序　呀，用完把　它　送回家。

保护“你”的自尊

尚世杰

【发现问题】

之前让老师“头疼”的学生变得自律了，教师立刻当众表扬他，反而让她不自在了。

【分析原因】

这样的举动让他感觉到自己过去不够好，自尊心受到了伤害。

【解决策略】

希望他能保持优雅乖巧的行为，需要对他进行肯定和鼓励，于是教师说：“今天发现一名同学进步很大，上课专心，还能积极表现……，可是，我不会告诉大家他是谁，课后我会悄悄告诉他。”课后，教师可以设定一次偶遇，比如课间的时候不经意经过他身边，跟他聊起他的进步。

【教学效果】

不要以为在集体面前表扬后进生进步了是一件让他很有面子的事，这反而提醒所有同学记起了他的“伤心往事”。对于内心敏感的学生来说，用私下里谈话或提醒的方式，更能让他们的尊严得到保护，而且今后他会用越来越好的方式来回报课堂。

大班额的花样队形

尚世杰

【发现问题】

在律动合作体验活动中，学生体验得不尽兴。

【分析原因】

自然班的课堂，通常是插秧式座位的摆放，这样方便教师管理，却限制了学生活动。

【解决策略】

座位排列成半弧形、大圆形，或者按教学内容分成若干个小组等，尤其要训练学生随时会变化队形和调整活动空间。

教师对学生的引导：选择方位要跟其他伙伴的选择达成默契，比如选择空旷宽敞的地方作为活动场地，避开人多聚集的空间。

【教学效果】

音乐教室内的活动空间变化越多，越能给学生更多不一样的体验，哪怕只是一个方位的改变。课堂上，我们不仅要关注音乐教育本身，更要关心人的整体素质的培养，通过各种队形的变换，尤其不是通过教师安排实现的变换，可以使学生之间产生交往中的默契、领悟与表达。

被关注的孩子进步了

李叶子

【发现问题】

在二年级某班的音乐课上，b同学经常在课堂上发出怪声，惹得全班乱哄哄的。

【分析问题】

b同学需要被特别关注。

【解决策略】

课后跟b同学聊天，发现他多才多艺，不仅会弹钢琴，还会跳拉丁舞。于是在音乐课上，我经常请他表演才艺，得到了全班同学的认可。

【教学效果】

通过才艺表演让b同学对自己有了足够的认知，在得到集体认可时，他能逐渐融合到集体中去，使他的情绪情感得到了良好的发展，同时能愉快地接受正面教育。

放牛班的春天

尚世杰

【发现问题】

班里几个调皮的学生对集体教学干扰较大。

【分析原因】

希望得到老师特别的关注和帮助。

【解决策略】

受到法国电影《放牛班的春天》的启示，我模仿克莱门特的做法，没有排斥他们。我对其中一个孩子，说：“我正式宣布任命你为我的‘谱架’。”然后对另一个说：“我任命你为我的助理。”一个可爱的“谱架”，是老师面前不可缺少的教具，那几个“教师助理”，有的成为老师课前准备的好帮手，还有的在课堂上帮助播放多媒体、给同伴集印章等，解决了老师课堂上分身乏术的难题。

【教学效果】

借鉴了《放牛班的春天》的做法，赋予个别学生特别的角色，使他们有了责任感，在他们为集体服务过程中获得了大家的尊重和认可，他们开始慢慢融入团队，努力矫正自己的行为，教师再不用总是临时“刹车”叫停课堂了。

抗干扰的力量

尚世杰

【发现问题】

H是三年级某班的学生，他爱说，一刻也不消停，于是在课堂上他周围的小伙伴就成了“受害者”。

【分析原因】

H同学的自控能力弱，缺少正确的人际互动。

【解决策略】

设抗干扰奖励。谁能够承受住H同学的干扰，专注听课，谁就可以得到一种奖励。奖励的方式既可以是一个真正的礼物，也可以是在音乐活动中担任一个特殊角色的机会。

【教学效果】

音乐课上，学生不仅仅要学会一些必要的音乐技能，更重要的是能够让他们获得心智成长，在认识自我的过程中产生正确的人际互动。H同学之前的表现，对集体的教学氛围影响很大，教师采用了“抗干扰”策略后，他会发现周围的伙伴们都专注地在听课，没人陪他聊天了，于是他也渐渐地学会了自觉。这种富有鼓励、持续性的行为贯穿于整个学习过程，会形成正面积极的人际氛围。

课前的组织教学

杨　竹

【发现问题】

每次上课前，学生都要在音乐教室门口排队，可是他们总是聊天吵闹，队伍也排不整齐，无法进入上课的状态。

【分析原因】

规则意识弱。

【解决策略】

用“对歌”的方法，把一年级第一首学过的歌曲《上学啦》改编成

$\frac{2}{4}$ 5. 3 | 5 3 1 | 2 4 3 2 | 5 5 5 |

（师）叮 铃 叮 铃 铃，上 课 铃 声 敲 响 啰。

5. 3 | 5 3 1 | 2 4 3 2 | 1 0 |

（生）叮 铃 叮 铃 铃，我 们 站 好 队。

师生提前做好约定：歌唱停止，队伍就得站整齐。教师还可以尝试邀请班级学生来代替老师的角色领唱，让学生养成“没有老师也能行”的习惯。

【教学效果】

传统的音乐课，是用语言指定并控制学生和教师的一切行为，与音乐活动和聆听者的真实行动毫不相干。以“对歌”的形式管理课前排队，既可以集中学生注意力，又可以在歌声中培养学生的荣誉感及规则意识。

木偶人游戏

奉泉芳

【发现问题】

学生自由讨论结束时，很难快速恢复安静。

【分析原因】

学生喜欢这种自由的状态，因此会兴奋。

【解决策略】

木偶人游戏。先要建立规则：学生讨论时播放轻音乐，并要求学生小组讨论声音不能超过“2号音量”（只有旁边的同学可以听到），音乐停变成木偶人，不许说话不许动。

【教学效果】

在规则中建立好的学习习惯。

男生女生穿插着排座

周亚辉

【发现问题】

音乐课的座位编排直接影响教学秩序和教学效果。

【分析问题】

大班制教学，学生多，传统插秧式的座位排列，虽然方便教师管理，但却限制了学生的活动。

【解决策略】

1. ◎★◎★◎★◎★◎★◎★的座位模式（◎男生 ★女生）

2.
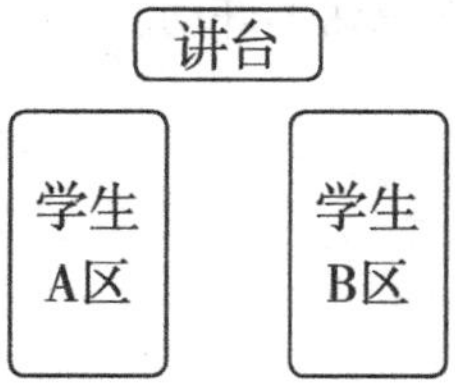

3.

【教学效果】

学生是音乐的实践者，他们的行动和互动应该融入真实的音乐文化中，变换座位排列，有利于使学生的音乐思维和认识至于情景化的环境中。

你可以控制你自己

尚世杰

【发现问题】

小A同学在三年级，是个女孩。经常发脾气，还会对着同学大声吼叫，甚至一不顺心就会满地打滚。

【分析原因】

除了天生性格的原因外，其实她想引起老师的关注，也想得到别人的认同和赞美。

【解决策略】

设定若干个单位时间段，比如5分钟、8分钟或者再长一点。课前跟小A做好约定，若在单位时间内把自己控制得很好，就可以做老师的助手，或参与一项音乐活动，也可以跟老师合作敲击乐器等。当小A每一次很好地完成一次活动，再给她设定比前一次更长一点的控制时间，并且不断地对其进行鼓励，暗示她是可以控制自己的。

【教学效果】

针对小A的行为，教师对其运用了积极地心理暗示，这就如同温暖的阳光和丰腴的土壤一样，滋养着这株幼苗茁壮成长。久而久之，小A会主动关注自己的表现，比如，她坐得特别端正，用充满期待赞美的眼神望着老师，这时，老师就要对他的行为立即做出回应；有时，她的情绪反复，教师要有足够的耐心安抚她。

巧用“音色”调节课堂

周亚辉

【发现问题】

音乐课已经开始了，但是由于前一节课是体育课，学生情绪高涨难以平复。

【分析问题】

还停留在上一节课的兴奋中。

【解决策略】

音乐课的组织教学要用音乐的手段：教师在大鼓和小鼓上反复有节奏地敲打，学生立刻会捕捉到声响的变化，他们会渐渐静下来。教师再将鼓的演奏转换成身体乐器，进行节奏声势的练习，比如：大鼓的音色是拍腿，小鼓的音色是拍手，然后自由组合节奏，学生觉得很好玩，自然地跟着老师玩起了声势节奏。

【教学效果】

音乐课堂应从兴趣出发，利用音乐元素本身的魅力去激发学生学习的乐趣，从实践中提升音乐技能；发挥学生创造力，培养音乐思维。

在琴声中建立规则

杨　竹

【发现问题】

常规40分钟的音乐课，学生很难一直保持安静。若老师简单粗暴的管理，既打断教学思路，又破坏教学氛围。

【分析原因】

学生的身心特点决定了他们的专注力只能保持在15分钟左右，随着时间的延长，注意力将无法高度集中。

【解决策略】

用欢快的《划船》歌片段：2/4　5 3 3 | 4 2 2 | 12 34 | 5 5 5 | 5 3 3 | 4 2 2 | 13 55 | 1 1 1 | 要求学生听到音乐迅速反应，并且在每个乐句的句尾处配合拍手三次。当教师希望孩子们能休息一下时，就演奏舒缓的《摇篮曲》，琴声一响，学生就自觉趴在桌上休息。

【教学效果】

希腊哲学家柏拉图说过：“音乐不但可以使灵魂高尚，而且可以使行为优美。”的确，音乐有其特殊的表情达意的方式，在课堂上采用适当的音乐代替老师的语言进行组织教学，既具有音乐学科的特点，还使教者轻松，学者有趣。

让每个学生都有事可做

王　进

【发现问题】

个别学生上台表演时，其他学生没事做，还会对表演产生干扰。

【分析原因】

学生认为事不关己，没有任务，无所事事。

【解决策略】

一组学生在台上表演，其余学生分成若干组做大众评委，有的小组留意台上表演的同学的音准，有的留意音色，有的留意表现力等，然后小组内交流，由一名学生把其他组员的意见集中在一起，给台上表演的学生做出评价。

【教学效果】

做一名会思考的观众。在欣赏中思考，是为了让学生在自己有机会行动时，他们的感觉、感知、判断和身体动作都能保持同步，使自身成为一个完整的活动，并且在这个过程中他们所有的能力都可以得到施展。

让音乐“说话”

陈　菡

【发现问题】

学生在活动与活动之间，不容易安静下来。

【分析原因】

长期视而不见的现象，就会成为习惯。

【解决策略】

1. 坐姿调整：1=C $\frac{2}{4}$ $\underline{1\ 3}$ $\underline{5\ 3}$ | $\underline{1\ 3}$ $\underline{5\ 3}$ | 3　3 | 1 — ‖

2. 起立：1=C $\frac{2}{4}$ 1　3 | 5　$\dot{1}$ ‖

3. 坐下：1=C $\frac{2}{4}$ $\dot{1}$　5 | 3　1 ‖

【教学效果】

音乐学科跟其他学科不同，有其特殊性。过多的语言有时候会打断乐思，破坏音乐的完整性。用固定的音乐短句作为音乐指令来训练学生的行为，不仅可以帮助学生养成好习惯，又不违背音乐本体。

三角铁的妙用

杨 双

【发现问题】

如何用音乐的方式帮助学生做好课前收心。

【分析原因】

没有进入上课的状态。

【解决策略】

使用三角铁进行课前的调控。听到三角铁的声音做出相应的动作，第一声“左手在空中划一圈”，第二声“右手在空中划一圈”，第三声“双手同时在空中划一圈，端正坐好”。还可以要求学生根据三角铁声音的长短来控制画圈的速度。

找一名乐感好的学生带领大家做，此活动可反复进行，直至所有人安静有序地准备好。

【教学效果】

三角铁的延长音渐渐把学生的注意力集中在一个点上，让浮躁的心静下来，营造积极学习的氛围。

图画中的秘密

尚世杰

【发现问题】

课前，教室里的一个“大嗓门”在吵，很多人也跟着起哄，教室里乱作一团。

【分析原因】

学生专注在自己的情境中张扬个性。

【解决策略】

教师默默地在黑板上画了一个大大的圆，从起笔到收笔速度很慢很慢，慢到吸引所有人的注意力，直到教室安静了下来。这时，教师请那个“大嗓门”看着这个大圆想象一种声音，并用一个字来表达，“大嗓门”发出“啊！”的声音，接着，教师在大圆的旁边画了两个小圆，“大嗓门”立即把声音缩小配合这两个图形，发出“嘘、嘘”的声音。在他的带动下，全班同学整齐地练起了三拍子声势——“啊嘘嘘、啊嘘嘘”，教师在声势的伴奏下在钢琴上弹起了《我们爱老师》这首歌，“大嗓门”也在节奏声中带着教师的赞扬安静地回到座位上。

【教学效果】

把学生的不良表现转化成音乐元素，以学科知识技能作为载体而展开组织教学活动。在这个过程中，教师没有对学生的行为做任何的评价，而是耐心地将他慢慢引入音乐的环境中，使组织形式和音乐内容巧妙自然地融合。

团结力量大

奉泉芳

【发现问题】

调皮的学生干扰课堂。

【分析原因】

缺乏规则意识。

【解决策略】

锦囊奖励。学生自由组成8-10人的固定小组，并选出组长。课上坐姿端正、表现优秀的小组可以获得一枚“锦囊”，“锦囊”的用途可以是在讨论时得到一次教师的妙计，也可以是小组PK赛的时候“冰冻”某一组的组员，使其不能代表该组参赛。

【教学效果】

有趣的规则，会吸引每一个人，那些调皮的学生尤为喜爱，这样不仅保障了课堂秩序，而且在相互提醒和监督下，一个团结的集体逐渐形成。

我来给你拍个照

王　进

【发现问题】

刚入学的一年级新生每次到音乐室上课，不能快速排好队。

【分析原因】

对相邻的伙伴不熟悉，找不到站位。

【解决策略】

采用“照相”法，即在教师给学生排好队后，让学生用自己的小手模仿照相机，把左右两边的同学“照”下来，记住自己的小邻居。

【教学效果】

活动设计有趣生动，符合儿童特点，达到快速排队的目的。

小组合作学习的约定

杨　双

【发现问题】

学生在小组合作讨论问题时，声音嘈杂，场面很难控制。

【分析原因】

学生感觉自由自在，缺少规则的约束。

【解决问题】

使用节奏游戏调控。

师生要提前达成约定：采用节奏问答的形式，教师问，学生答，以学生模仿为主，也可自己创编，句子的长度要跟教师的一致。

【教学效果】

在不脱离音乐的基础上调控课堂，既可以锻炼学生对节奏型的掌握又可以及时吸引他们的注意力，让课堂得到有效的调控。

一起玩节拍

周亚辉

【发现问题】

音乐课的导入是教学中非常重要的部分，无趣的导入很难吸引学生积极参与整节课的音乐活动。

【分析原因】

教学形式单一，教学手段无趣。

【解决策略】

教师进入课堂，什么都不说，用手势和眼神将课堂调整到“无声专注”的状态，从第一行第1个学生开始用手指给口令，一个孩子一拍（拍手一下），当节拍稳定后，教师把本节课要学的歌曲哼唱出来，此时学生为教师的哼唱的旋律打节拍。循环以上做法，中间可以加入“拳头”来表示休止一拍，休止可以来调整节拍的稳定度。

【教学效果】

有时候教师越想把课讲得明白，越想让学生关注他，就愈加不自觉地把精力和时间倾注到语言上，这种行为与音乐本身背道而驰。要知道音乐本身就是一种语言，是一种无声的语言，教师要擅长用音乐的方法解决的音乐课堂的问题，提升教学的艺术性。

音乐课前的声势律动

李叶子

【发现问题】

在打上课铃时，部分学生不能在短时间内安静下来，心思还漂浮在课间的十分钟里。

【分析问题】

学生的课堂规则意识不够强。

【解决策略】

教师击拍不同的节奏型，如X X、$\underline{X\ X}$ X、$\underline{\underline{X\ X\ X\ X}}$ X等，学生模仿。当教师刚开始击拍节奏型时，会有小部分学生不自觉地模仿；教师继续变化节奏型击拍，又有一部分学生会加入队伍模仿；教师再次变化节奏型，直到全班都跟着模仿教师击拍的节奏型。

【教学效果】

根据学生好奇、好动、模仿能力强的特点，教师通过击拍不断变化的节奏型让学生模仿，不仅能提高学生的注意力，还能增强学生的听辨能力，让音乐课更有效率。

用律动的方式做好课前准备

李叶子

【发现问题】

一年级的学生在上课前很难集中注意力，有的在讲话，有的在做自己喜欢的事。

【分析问题】

让学生课前自觉做到安静不是一件容易的事情，需要教师的引导。

【解决策略】

在打预备铃时，教师播放上节课学过的歌曲，并随音乐做律动，用教师富有感染力的行为吸引学生的注意，直至他们跟着老师一起做。

【教学效果】

教师利用肢体语言代替声音来吸引学生，不仅可以在最短的时间内让学生跟着老师的想法去做，还可以让学生的注意力集中，顺利地进入新的一堂课。

用音乐的方式调整课堂

陈　思

【发现问题】

教师用机械式地口令调控课堂，不仅把教学内容割裂，而且影响课堂的音乐氛围。

【分析原因】

口令式的组织让教师教学更快捷、省力。

【解决策略】

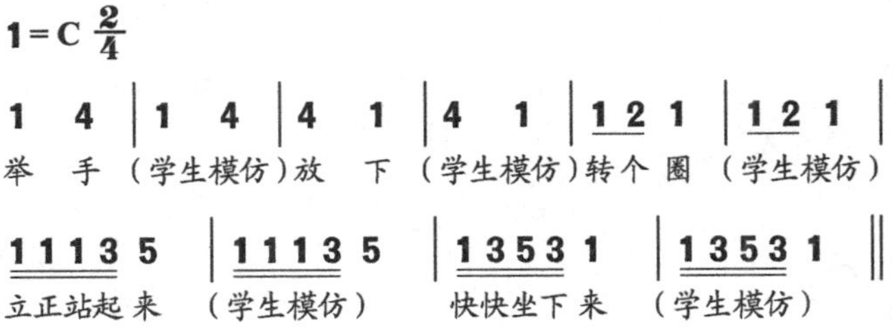

（说明：教师边唱边做动作，学生模仿。）

【教学效果】

“新课标”在教学建议中指出：“学生审美感知素养的培育，应立足于音乐艺术所具有的特征，可从学生易于接受的各种可感可知可提示操作的音乐体验通道切入。”学生根据教师的歌唱做出相应的反应，这种趣味性和指令性并存的方式，可以让学生在富有美感的活动中渐渐安静下来。

第二章

歌唱教学

有意思的练声曲

陈　蕊

【发现问题】

一年级学生对练声缺乏兴趣。

【分析原因】

练声曲单一乏味，形式陈旧。

【解决策略】

1. 用带有歌词的上下行旋律代替常规的练声曲，以一问一答的形式完成有趣的合作练声。例：

1=C $\frac{2}{4}$　<u>1 2</u> <u>3 4</u> | 5 — |
（师）青 蛙 怎 样 叫？

<u>5 4</u> <u>3 2</u> | 1 — ‖
（生）呱 呱 呱 呱 呱！

2. 教师还可以换成小猫、小狗、小羊、小鸭等小动物，进行移调练声，熟练操作后也可以请一位同学代替老师向全班演唱发问。

【教学效果】

演唱技能的练习应结合演唱实践活动进行，创设与表现内容相适应的教学情景，激发学生富有情感地演唱。学生天性喜欢小动物，通过模仿不同小动物的叫声来训练学生的声音表达，有趣有效。练习过程中注意嗓音保护，避免喊唱。

“顿音”演唱

杨　竹

【发现问题】

歌曲《海鸟的家园》中出现了顿音记号，学生演唱得比较生硬。

【分析原因】

刚刚接触“顿”的唱法，不“认识”它。

【解决策略】

不直接介绍顿音记号，老师先用“后三个字顿音法”念顺口溜：“头戴三角帽，活泼又灵巧，唱得快而轻，短促又跳跃。”每句的后三个字一定要用顿音念出来。学生模仿，再简单介绍顿音记号。

【教学效果】

对儿童来说，声音先于符号，以感性培养为根本先行而后知。简单的模仿能够让低段学生更快更直接地掌握音乐演唱符号，再反过来介绍音乐符号，学生更加易懂，记得更深刻。

歌词相似乐句的区分

杨 竹

【发现问题】

《海鸟的家园》中，学生常把乐句 *f* 5· 3 | 5 3 0 |（哈 利 哈 利，）唱成 *f* 5· 3 | 5· 3 |（哈 利 哈 利。）

【分析原因】

歌曲较长，“哈利”出现频率多，且节奏很相似。

【解决策略】

唱到节奏 5· 3（哈 利）处时，做海鸟飞翔的动作；唱到 5 3（哈 利）处时，拍掌演唱。

【教学效果】

音乐学科很特殊，对于学生出现的问题，有时无须过多的语言去描述调整，只需一个简单的动作，就可以辅助学生把唱不好的地方巧妙解决，这种做法既不会打断乐思，也不破坏音乐的完整性。

唱好八分休止符

奉泉芳

【发现问题】

在歌曲《老爷爷赶鹅》中，弱拍的八分休止符学生唱不好。

【分析原因】

对歌曲的风格把握得不准。

【解决策略】

身体律动。跟随音乐做走的律动，当遇到节奏 0 X X X 0 时，做半蹲+起立的动作，同时配上歌词唱出来，如：

唱好八分休止符

1 = C $\frac{2}{4}$

谱例	3 3 3 2 1 |	0 5 5 1̇ 0 |	3 3 3 2 1 |	0 5 5 1̇ 0 |
唱歌	嘎嘎 老爷爷	嘎嘎 嘎	嘎嘎 老爷爷	嘎嘎 嘎
动作	走走 走 走	蹲 起	走走 走 走	蹲 起

【教学效果】

苏霍姆林斯基曾说：“让学生体验到一种自己在亲身参与掌握知识的情感，乃是唤起青少年特有的对知识的兴趣的重要条件。”通过律动的方式带动学生参与体验音乐，调动了学生学习音乐的积极性。在整体感受音乐的同时，体会音乐情绪带给自己的影响。逐渐把握歌曲风格后，学生会自然而然地掌握弱拍起唱的地方。

把容易忽略的音唱准

潘彦瑾

【发现问题】

在学唱歌曲《我们爱老师》时，第三、四小节 3 5 3 | 1 – – |，学生一字多音在转换过程中总是忽略了中间的5音。剩下的多个乐句中一字多音的地方，学生对音准不肯定，歌唱时模棱两可，破坏了歌曲的完整性。

【分析原因】

学生在没有掌握歌唱技巧的情况下就开始了机械性的简单重复练习。

【解决策略】

1. 通过多次聆听歌曲，随着音乐画旋律线，建立固定音高概念。

2. 第三、四小节要求学生边看教师手势，边唱出音高，然后填词。

3. 发声力度要均匀，每个字既要连贯又要清晰可辨。声音尽可能连成一线，旋律线条要清晰、流畅、连贯。

【教学效果】

通过划旋律线和手势明来确旋律的发展走向，这在课堂当中是非常重要的，手势动作的一招一式意图明确，师生的合作才完美，才能有效启发学生理解歌曲的音乐表现，从而带动学生的歌声美。

把握演唱风格唱出心中的歌

尚世杰

【发现问题】

《桔梗谣》是朝鲜民歌，对于自然班的学生来说演唱的风格不好把握。

【分析原因】

音乐积累较少。

【解决策略】

1. 脚踏合拍，手轻轻击分拍，随着音乐做律动，同时教师用带有喜悦的情绪范唱。

2. 加强歌曲的整体感知力，边听边随着音乐划拍子。

3. 每次练唱都要富有表情。

【教学效果】

教师富有感染力的范唱是一种非常有效的引导方式，学生在教师情绪的感染下踏、击节拍，快速掌握歌曲风格。唯有亲身体验，对歌曲风格的感知才是真实的。划拍聆听的过程中，体验旋律的节拍重音，掌握节拍特点及由此形成的节奏组合规律，这也是把握歌曲风格的重要因素。

波音的形态体验

杨 竹

【发现问题】

《尼罗河畔的歌声》歌曲为AB二部曲式结构，中间有波音演唱，初次接触波音，不能恰到好处的表现。

【分析原因】

波音出现在带十六分音符的音乐中，速度较快，容易混过。

【解决策略】

播放音乐时，学生跟着老师踩着节拍原地踏步走或绕着教室内行走，当出现波音的时候，身体做波浪状扭动。起初，老师带领学生一起做，熟练后，让学生自己听音乐做，还可以引导学生把身体波浪状扭动换成自己喜欢的、贴切的动作，再进行演绎。

【教学效果】

用身体形态体验，来帮助孩子体会波音表现形式的特点，帮助学生在歌唱时恰到好处的表现。

唱好顿音

潘彦瑾

【发现问题】

在学唱歌曲《翠鸟咕咕唱》时，学生唱不好歌曲中的顿音。

【分析原因】

缺乏对该技能的体验感知。

【解决策略】

根据歌词，运用动物模仿游戏，请同学们一起来模仿翠鸟唱歌的声音。

1. 发音前，多次聆听音准，先想好所要发出音的准确音高，它是轻巧、短促而有弹性的声音。

2. 快速吸气，保持气息，在一瞬间发出声音。

3. 利用练声过程中顿音的练习方法灵活控制气息，发出轻巧、短促、有弹性的“咕咕”声。

【教学效果】

通过贴近动物叫声的模仿来解决顿音的难点，对于小学生来说是一件很有意思的学习。同学们不仅在练习中潜移默化地掌握了顿音的歌唱技巧，而且很好地与歌曲结合，更好地帮助学生表达出了歌曲的风格特点。

唱好二声部

古莉莉

【发现问题】

在合唱教学中，学生容易跑调。

【分析原因】

分不清自己承担的声部角色。

【解决策略】

先学唱第二个声部，再学唱第一个声部。从较难的二声部旋律开始学习，学生模仿教师哼唱二声部旋律，熟悉后再视唱二声部歌谱。接下来，完整聆听音乐，找出刚刚哼唱的旋律。找一些音准好，乐感强的学生来唱这个声部。

【教学效果】

合唱学习的时候，必须让学生认准自己所承担的声部角色，知道每一个声部都是作品不可缺少的一个部分，即使第二个声部的旋律不像一声部主旋律那样优美上口，但当它融入合唱之中的时候也会使歌曲产生魅力和艺术感染力。

唱好歌曲中间的弱起拍

奉泉芳

【发现问题】

以《卡农歌》为例。| 7. 1 7 6 | 5 0 | 0 0 | 0 0 3 | 1 2 3 1 | 5 休止符后的弱拍起唱，很难进入。

【分析问题】

内心听觉不敏感。

【解决策略】

唱到四分休止符处时，边数拍边双手同时拍腿，共四次，弱起小节时左右手交替拍腿一次。动作与歌唱配合熟练以后，要把动作停止，专注于内心节拍的感觉。

【教学效果】

内心听觉是指内心的音乐思维能力，在律动中建立内心听觉是教学中常用的方法，对儿童的乐感的培养至关重要。

唱好歌中的八度大跳

尚世杰

【发现问题】

《牧童之歌》中的八度大跳唱不准，硬喊着“拔上去”，音色不美。

【分析原因】

没有音高概念，歌唱方法欠佳，不会运用假声。

【解决策略】

1. 教师反复地用手势配合音的走向，一点一点帮助学生建立起正确的音高概念，在头脑中加深对音高的印象。

2. 以情带声。从歌词的意境分析，引导学生表现出柔和美好的音色，根据旋律的上行走向，配上手臂上扬的动作，用手势帮助自己唱好旋律。

3. 唱姿正确。唱高音的时候，多用气息支持，想着要唱的那个音的音高，做好准备，再把声音轻轻唱出来。

【教学效果】

教师的指挥和手势在音乐教学中非常重要，它既是连接师生情感的纽带，也是师生间传递音乐的通道。学生的情绪跟着教师手势的抑扬顿挫进行歌唱，表达情感之美，体会合作之美。

唱好乐句间的连接

陈　思

【发现问题】

在学唱《放牧归》时，学生对歌中两处连音线的处理存在问题，导致下一乐句衔接不上。

两处连音线图

【分析原因】

连音线的时值延长到下一小节的强拍，影响学生对下一乐句的演唱判断。

【解决策略】

分三个步骤学唱：

1. 教师完整地轻唱歌曲，学生感受完整的歌曲的情感和韵律，当唱到有延音线的地方时，在连线后的小节强拍处拍手。

2. 教师唱歌，学生找出刚刚教师拍手的位置。

3. 把拍手的动作放在心中，看教师指挥歌唱。

【教学效果】

教师的引导非常重要，尤其是节奏相对较为复杂的歌曲，不能因机械的技能训练使音乐脱离韵律美。相当一部分老师，总是把难点单独拎出来教学生反复练习，但是效果并不理想，即便以大量枯燥的语言去讲解，学生还是不能自如地表达音乐。为什么呢？一是老师在教学中忽略了音乐作品的完整性，没有抓住作品中的难点在音乐中的特点；二是教学形式单一，不能激发学生兴趣使其专注地聆听，语言讲解过多，忽视学生体验。

唱好密集型节奏

杨　双

【发现问题】

连续的后十六分音符的节奏型学生唱得很吃力。

【分析原因】

音符太多且密集。

【解决策略】

例如《打起手鼓唱起歌》，谱例2是复杂的节奏，先简化成谱例1节奏，保留主要的音的走向。先把简单的节奏唱准，再增加难度。

【教学效果】

化繁为简，降低难度，学生在不断挑战中超越自我。

附

1＝D $\frac{2}{4}$

谱例1：53 54 | 52 51 | 35 25 | 75 65 | 1 – |

1＝D $\frac{2}{4}$

谱例2：533 544 | 522 511 | 355 255 | 755 655 | 1 – |

唱好前紧后松的节奏（X X X）

李叶子

【发现问题】

学生在唱歌曲《嘀哩嘀哩》时，容易把“嘀哩 哩 嘀 哩”唱成“嘀 哩 嘀 哩”，失去了歌曲活泼的感觉。

【分析问题】

一是学生不能区分“X X”与“X X X”，二是舌头的灵活性不够。

【解决策略】

1. 准备两条节奏的卡片：X X X X 和 X X X　X X。编一条语言节奏，如：嘀哩 嘀哩和嘀哩哩 嘀哩，即兴调换位置拍读，如：嘀哩哩 嘀哩 | 嘀哩 嘀哩 |，还可以拆分，然后分组接龙拍读。

2. 在歌曲中找到 X X X　X X 的位置，做上标记，用响棒拍击。

3. 每当歌曲唱到“嘀哩哩 嘀 哩”时，边拍边唱。

【教学效果】

通过语言节奏的训练和打击乐的辅助，使学生能灵活的区分两种节奏型的不同，从而让学生能正确地演唱歌曲。

唱好弱起小节

李叶子

【发现问题】

在学唱三拍子的《当我们同在一起》时，学生不能准确进入歌曲，演唱不肯定。

【分析问题】

对音乐整体的感知力弱。

【解决问题】

把学生分为四组，围成四个圈，手拉手，在第一句强拍上，向前迈一小步并举起双手；第二句强拍，向后迈一小步，手放下，后面以此类推，边唱边跳。

【教学效果】

学生通过律动的方式找到歌曲中的强拍，使他们逐渐的自然而然地进入整首乐曲当中，加强音乐整体的感知力。

唱好下行旋律

奉泉芳

【发现问题】

《降落伞》这首歌中的旋律下行，不容易唱出美感。

【分析原因】

不能充分体验旋律的进行方式。

【解决策略】

首先把一条轻薄的纱丝巾抛向空中，观察纱巾从高空飘落下来的情景，然后，边随着教师的指挥边做降落的动作边歌唱。

【教学效果】

音乐教育家达尔克罗兹认为，音乐的起源是人类通过身体将内心情感转化为音乐，即用动作阐述音乐，用身体运动来体验音乐，并将这种体验转化为感受认知。对小学低年级学生来说，以动作为教学开展的手段，在确保与教学内容紧密联系的同时，促进学生积极参与课堂，感受音乐。

看指挥唱好渐慢

王　进

【发现问题】

在《降落伞》一歌中，“慢慢降下来”的歌词频繁出现，学生不好把握到底在哪里开始做渐慢的演唱。

【分析原因】

没有相互倾听和看指挥的习惯。

【解决策略】

教师指挥学生歌唱，并提醒学生边唱边聆听其他伙伴的歌声，在最后两小节之前，教师要夸张自己的手势和表情，暗示学生歌唱的速度要渐慢。

【教学效果】

看着指挥歌唱，有利于学生更快、更好地去理解、掌握学习内容。

音高要让你“看到”

陈　菡

【发现问题】

歌曲《降落伞》一课中，学生容易与《五声歌》中相似句混淆唱错。

【分析原因】

学生未能清晰把握旋律走向。

【解决策略】

1. 请学生唱第一、第二乐句旋律，老师接唱第三、第四乐句旋律。

2. 让学生看看“降落伞是从哪儿起飞的？”将两首歌曲的旋律线都画出来，小手画着旋律线唱一唱前四个乐句的简谱。

3. 用身势动作帮助区分旋律，$\underline{\dot{1}\ \dot{1}}$ 5 手指高处，$\underline{6\ 6}$ 3 手稍稍下降，$\underline{5\ 4}$ $\underline{3\ 2}$ | 1 – |划弧线下降。

【教学效果】

通过直观的听、看、划、动，学生能够有逻辑地感受到歌曲旋律的走向，从而更好地常准歌曲，区分旋律。

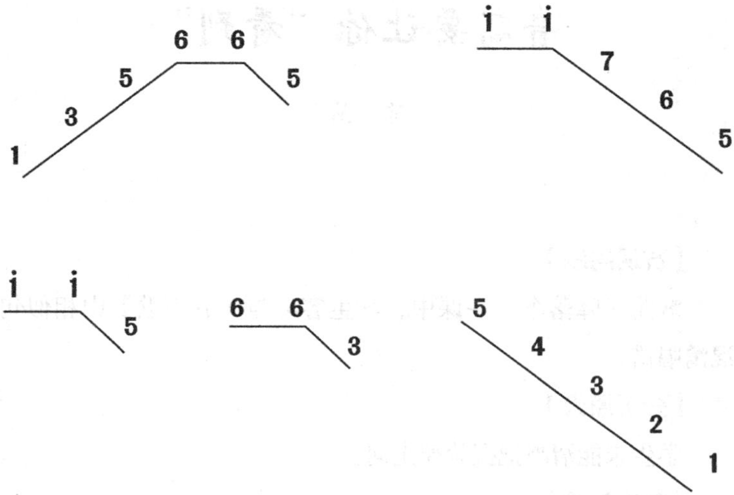

动作区分旋律

唱好休止符

奉泉芳

【发现问题】

《猜花》这首歌，每一乐句结尾处都出现了一个四分休止符，句与句之间衔接的时候总是抢拍。

【分析原因】

歌曲情绪热烈，学生容易激动，忽略了音乐性的表达。

【解决策略】

出示歌谱，休止符的地方用一个打击乐器图片进行提示（如：小鼓），演唱至此处时，击鼓一次。

【教学效果】

低年段学生以形象思维为主，图片和打击乐器的加入，可以起到强调休止符的作用，培养学生的有意注意力。

唱好旋律中的跳进

尚世杰

【发现问题】

歌曲《青春舞曲》第三小节连续的纯四度、小三度的跳进不容易唱准。

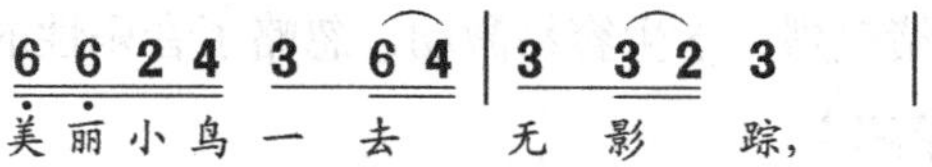

《青春舞曲》的第三小节

【分析原因】

识读乐谱能力弱，缺乏音准训练。

【解决策略】

1. 请学生观察此句用了哪几个音？

2. 教师边板书边唱单音。

6̣ 2 4 3 6

教师板书

3. 将以上五个音排列成不同的音组，练唱。

6̣ 6̣ 2 – –	2 4 3 – –
3 6 4 – –	3 2 3 – –

不同的音组

4. 把此 6̣6̣24 3 64 3 32 3 句放在整首歌中，根据学情采用各种方式练习。

【教学效果】

准确把握好识谱教学的“度”和“量”，分解难度，层层递进，熟能生巧。对学生识谱的训练提出要求，比如唱出的每一个音符都要准确、速度从慢到快等，最终达到能独立、正确、完整的视唱。识谱能力的提高，有助于提升学生的审美感知。

创设情境学唱二声部

尚世杰

【发现问题】

印度尼西亚歌曲《恰利利恰利》，第五句是二声部。只要是教师宣布学唱二声部，学生就会产生畏难情绪。

【分析原因】

唱好二声部需要一定的技能技巧，由于以往的学唱经历太在乎结果，过程比较枯燥，所以学生不感兴趣。

【解决策略】

歌词中描述了种田、锄地、撒种等庄稼人的生活情境，于是教师在黑板上划上一块田地（如表1），然后在田里撒上“种子”（节奏组合，如表2）。教师拍读语言节奏：2/4锄地呀|滴答滴答嘿|撒种子|滴答滴答嘿|，学生模仿，分组分声部合作，之后，把语言去掉，直接拍奏，最后加上音高视唱（如表3），唱熟之后再演变成（表4）的唱法。

表1

表2

0	0	XXXX	X	0	0	XXXX	X
X X	X	0	0	X X	X	0	0

表3

0	0	5555	6	0	0	6666	5
5 5	6	0	0	6 6	5	0	0

表4

0	0	5555	6	0	0	6666	5
5 5	6	6	–	6 6	5	5	–

【教学效果】

要想提升学生识谱学习的积极性，必须要改变传统的机械、单一的教学方式。一是结合音乐教学的基本目标和要求，将教学趣味化、形象化；二是教学过程要富有挑战性，将教学活动游戏化。

训练时注意音准与音高。

本案例是利用教学内容进行情境创设，淡化教的痕迹，突出趣的过程，让学生在两个声部交相辉映的演唱中陶冶情操、体验美感。

大切分节奏

陈　思

【发现问题】

歌曲《土风舞》的主要节奏型为：X X X X | X X X | X X X 0，学生对大切分节奏把握不准确，无法从容地演唱。

【分析原因】

新授节奏型，学生在此之前接触较少。

【解决策略】

先复习学过的节奏型，如：X X X X －，教师提前将节奏型X X X X写在白色卡纸上，边读边拍：哒哒哒哒，然后把X放在中间，变成X X X，一开始可以让学生读哒 哒 啊 哒，然后将“啊”放在心里不读出声音，主动去体会大切分的感觉，熟练后，在节奏型上加入音高练习。

【教学效果】

通过节奏卡片游戏，学生逐渐认识和了解大切分节奏，能够准确地读出、拍出切分节奏。在反复的练习中增加孩子的自信心与坚定感，更好地帮助他们从容地表达音乐。

动作辅助歌唱

尚世杰

【发现问题】

学唱歌曲《嘀哩嘀哩》，当唱到“嘀哩哩 嘀哩”的时，歌词唱得含糊不清，颗粒感不强，还容易唱成“嘀哩 嘀哩”。

【分析原因】

稍快的演唱速度，能更好地体现歌曲欢快活泼情绪，那么歌中的“XXX X X”节奏就稍显密集，需要松弛和灵活的舌尖运动才能唱好。

【解决策略】

当唱到“嘀哩哩 嘀哩”处，边唱边手拍节奏——XXX X X。在拍奏时，动作幅度放小，力度放弱。

【教学效果】

一个恰到好处的动作可以帮助学生解决歌唱中的难点，提升歌唱技巧，以达到充分享受歌唱之美的目的。

多声部教学方法

陈贤军

【发现问题】

学习《大家来唱》这首合唱歌曲，多声部教学一直是难点，学生很容易唱跑调，合唱歌曲很难唱出美感。

【分析原因】

学生音高节奏不稳定，容易受到别人的影响。

【解决策略】

1. 出示音阶，并打手号演唱：

$\dot{1}$ 7 6 5 4 3 2 1

2. 教师对音阶做出变化：

$\dot{1}$ 7 6 5 4 3 [2] 1 2 3 4 5 6

（1）把全部同学分成两部分，一部分同学从左往右唱，另一部分同学从右往左唱，同时结束在中间 [2]（re）音。

（2）评价学生，再次从中间音2（re）往两边唱，分别结束在$\dot{1}$（do）和6（la）。

3. 音乐游戏，老师唱音阶，然后停在其中任意一个音上，学生模唱这个音。（教师在黑板上指出另外一个音符，学生小声演唱，巧妙的引出二声部。）

3/4	i̇	6	i̇	7	5	7	6	4	6	5	–	–
	6	4	6	5	3	5	4	4	4	4	3	2

4. 分别学唱二声部，再合唱。

【教学效果】

本课的多声部以三度音程为主，教师让学生分别从两边往中间演唱音阶，复习音高，同时又巧妙地合成三度音程，轻松地突破了歌曲中难点。通过各种练习，让学生建立多声部音程概念和音响效果，再演唱歌曲就轻松多了。

二拍子

杨 竹

【发现问题】

二拍子演唱不稳定，强弱规律不明确。

【分析原因】

一年级学生以形象思维为主、好奇、好动、模仿力强，对节拍理论知识不了解。

【解决策略】

做一个拍手的游戏，以《拍手谣》当作背景音乐。相邻的伙伴一起玩：强拍自己拍手，弱拍与对方双手或单手对拍。在游戏过程中，引导学生发现强弱规律，起初只是拍手，熟练后可以添词进去一起进行。

【教学效果】

《拍手谣》，歌曲是二拍子的，并且对于一年级而言，歌词有些复杂，用玩“拍手谣”游戏的方式，既可以帮助学生掌握二拍子的强弱规律，又能在游戏中熟悉歌词，并且还符合歌曲主题，寓教于乐。

二声部轮唱教学法

陈贤军

【发现问题】

在教授《翠鸟咕咕咕》时发现歌唱声部层次不分明，容易抢拍。最后两小节和声不美。

【分析原因】

学生未具有演唱多声部能力。

【解决策略】

首先让孩子们齐唱第一声部和第二声部，强调二声部的最后两个小节，多练几遍。先不着急两个声部一起唱，可以玩一个人机PK的游戏。人机PK的游戏是孩子们唱第一声部，电脑播放二声部。这使孩子们的兴趣会提高，因为比赛会使孩子们注意力很集中，开始老师也和孩子们同一声部，通常第一次我会让电脑赢，指出孩子们存在的问题，反复练习。然后再交换声部比一次，这一遍孩子会更认真，演唱效果会非常好。

【教学效果】

合唱对于三年级的学生来说有一定的难度，演唱自己声部的同时还要用耳朵去倾听另一声部和自己声部的和声感是很大的挑战。通过人机PK的游戏，激起学生的学习兴趣，同时采用循序渐进的方式让学生掌握多声部，提高了学生的合唱歌唱能力。

分解音乐教学中的难点

陈 菡

【发现问题】

《中国人》这首歌曲较长，学生较难区分“啊”演唱部分与副歌旋律，一节课难以达成教学目标。

【分析原因】

前后旋律对比对学生来说有难度，不容易区分。

【解决策略】

可以尝试分阶段学习，比如每节课前模唱“啊”部分的旋律，两周后再学唱《中国人》。

【教学效果】

在突破难点过程中，如不断反复强调练习，易使学生产生厌倦情绪，将难点部分拆分出来各个击破，教学效果很好。音乐教育家柯达伊说过：“用好的方法教唱，对孩子而言是一种享受，将渴望得到更好的音乐的热诚注入他们的心灵，这个热诚将延续至他们的一生！”

附点节奏型

古莉莉

【发现问题】

《小小少年》这首歌附点节奏较多，学生唱得不稳定。

【分析原因】

一是对歌曲的风格把握不好，二是对附点节奏的认识不够深刻。

【解决策略】

全班分成两组。A组学生跟节拍器拍手，先掌握固定拍子，保持稳定一段时间；B组的学生则跟老师一起唱附点节奏型，尝试合作成功后，再看教师指挥演唱歌曲。在反复练唱中体会主人公乐观向上、勇敢地面对挫折与困难的少年形象。

【教学效果】

众多的音乐教学技巧中，反复练唱也是有效的一种教学方式，它能够不断提高学生对歌曲的感受力和理解力，巩固音乐知识和技巧。但是，反复练唱的形式要注意丰富多样，避免机械单一的重复。

学习二声部轮唱

潘彦瑾

【发现问题】

《欢乐歌》的二部轮唱，两个声部很容易混在一起，互相干扰。

【分析问题】

没找到互相烘托，互相补充的感觉。

【解决策略】

在卡农部分加入伸缩弹力球，将全班同学分成两组，一组担任一声部，二组为二声部；每组各选出一名指挥，手持弹力伸缩球指挥自己的声部演唱，教师进行巡回指导、练习，稳定节奏。

【教学效果】

为了激发学习兴趣，教学中借助各种辅助手段，让歌唱学习富有挑战性和乐趣。弹力球伸缩的视觉效果，非常形象化地把两个声部轮唱时此起彼伏的效果直观地表现出来，在教师的整体调控下，积极调动学生的眼、耳、口等多种感官，在稳定的节拍里积极歌唱。

感受非洲音乐

陈 思

【发现问题】

《当太阳落山》，南非民歌，只是通过聆听一种单一的方式，学生很难准确把握非洲民歌的风格。

【分析原因】

由于文化、地域等因素，平常接触的机会很少。

【解决策略】

用学生凳或桌子、地板等代替非洲鼓使用，引导学生拍出不同的音色。用固定节奏型：X XX X XX | X XX X XX | 为歌曲进行伴奏。熟练后，鼓励学生尽量放松身体，用身体的律动感加上“鼓点”的韵律感，充分地帮助学生感受非洲音乐的独特魅力。

【教学效果】

音乐的情感内涵和音乐的特点需要学生亲身体验，才能唤起他们对知识的兴趣。通过视觉、听觉以及身体多种感官的有效配合，使学生进行全身心地体验和感受音乐，激发学生对非洲音乐的热爱。

感受乐句

尚世杰

【发现问题】

《龙的传人》的每个乐句都结束在二分音符上，时值唱得不够饱满，容易抢拍。

【分析原因】

气息的控制能力弱。

【解决策略】

师生做节奏传递的练习，在传递的动作上感受二分音符的时值。

1. 播放歌曲，教师进入第一乐句节奏的拍击，并在句尾的二分音符上面向学生做一个“传递”的动作。

2. 学生完全模仿教师的动作，进行第二乐句节奏的拍击，再把节奏再“传”回给教师。

3. 反复“1”和“2”的练习，至歌曲结束。

（要求：拍击歌曲的节奏，“传”的动作要灌满二分音符的时值。）

【教学效果】

用动作的辅助来体验二分音符的时长，将体验转化为感受认知，为音乐教学质量的提高提供了充足的养分。学生在歌唱时，因为有了动作的辅助，气息也会得到控制，句尾的二分音符唱得既饱满又富有歌唱性。

感知音的高低4（fa）

陈贤军

【发现问题】

学习歌曲《闪烁的小星》时，发现学生视唱4（fa）这个音符的音高很难掌握。

【分析原因】

学生未建立音高概念。

【解决策略】

1. 用小磁铁分别代替1、2、3、4、5、6这几个音。在黑板上用绳子做媒介按照旋律走向把这几个音连起来，形成一道旋律线。

2. 制作音符、手号小卡片，在黑板上画出音级台阶，请学生们把学过的音符贴到相应位置，让学生直观感受4（fa）在1、2、3、4、5、6这几个音中的具体位置和音程关系。

3. 演唱歌曲旋律的时候，拿着相应手号的同学举出相应手号。同样的方法，打出手号。

【教学效果】

让学生们通过自己体验，了解4（fa）在音阶中的具体位置。通过小卡片和连接旋律线的游戏，帮助学生们巩固具体音高位置。学生学习得更加直观生动，大家都跃跃欲试，在相互监督下帮助、改正、提高。

感知音的长短

杨　竹

【发现问题】

歌曲《向前走》的第三乐句是跟其他乐句完全不一样的，整个乐句是由二分音符构成。一年级的学生误以为是速度变慢了，不能准确的感知这只是节奏型的变化。

【分析原因】

一年级孩子以前只是模仿学唱，没有学习过音乐理论知识，所以单从听觉上感受容易被误导。

【解决策略】

踏步三部曲。第一遍，老师带领学生跟着音乐原地踏步，一拍一踏；第二遍，学生自己听音乐踏步；第三遍，学生依然原地踏步，到第三乐句时，脚继续踏步，同时加上手画“彩虹”（二分音符）的动作。最后，一部分同学扮演小朋友从头到尾“四分音符”原地走，一部分学生脚踏步手画“彩虹”只在第三乐句时加入。

【教学效果】

自我的行动感知体验比单一的理论解释更深刻易懂，虽然在整首歌曲中讲解二分音符和四分音符较少，但学生通过活动明白了其实歌曲的速度一直都是没有变，只是音符的时值不同，长短变了，所以感受变了。

高音区也可以唱得很自然

潘彦瑾

【发现问题】

在歌曲《茉莉花》一课教学中，歌曲中有几处音高超越了学生的音域，由于唱不上去，因此严重破坏了歌曲的意境。

【分析原因】

没有掌握方法。

【解决策略】

第一，老师带领学生用轻柔的声音演唱歌曲，感受气息的慢慢流动，再体会高音区的假声唱法；第二，引导学生联想茉莉花的美，带着赞美的情感去歌唱。

【教学效果】

通过学习模仿和运用假声的方法解决歌曲中的高音，学生在感受、体验中表现得很积极，兴趣极高；高音的解决使同学们能够将整首歌曲完整地演唱，不但让学生获得了学习的成就感，而且也使学生体验到了中国民族民间音乐的独特魅力。

高音长音还能这样唱

陈 菡

【发现问题】

《没有祖国哪里会有我》中，i̇ 2̇ | 3̇ – | 2̇. i̇ | 6 – |
祖 国 妈 妈
副歌部分持续在高音进行，学生难以把握音高和时值。

【分析原因】

二年级学生气息不稳，高音长音难以保持。

【解决策略】

1. 让学生在唱“祖– | 国– |”的时候，将歌词唱成“祖– | 国啊 · |”。

2. 在副歌部分标注换气记号ˇ，提示学生在适当的地方进行换气，以维持长音的演唱。

【教学效果】

将“祖– | 国– |”唱成“祖–|国啊 · |”，“o”音唱成“a”音，闭口音变成了开口音，更易于发声，高音唱起来更加饱满到位；在副歌部分加入换气记号后，学生能够较好保持长音，歌曲更具表现力。

如何正确有效地区分相似乐句

李珮旗

【发现问题】

在《没有祖国哪里会有我》的教唱环节中，第一乐句和第二乐句特别相似，可是旋律的走向不一样，学生往往唱到第二乐句时，会不经意用第二乐句歌词搭出第一乐句旋律。

【分析原因】

音高的概念模糊，对旋律的走向不明确。

【解决策略】

教师在钢琴上弹奏这两段旋律，第一遍，让学生静听有什么不一样；第二遍，教师带领同学们用手指跟随琴声划旋律线；第三遍，尝试唱出来。

【教学效果】

感受完这三遍，同学们在歌唱时，会选择边用手指划旋律线边唱歌，这种方法能帮助学生把旋律唱准，不再混淆乐句。

歌唱中二声部的拓展

李珮旗

【发现问题】

在学唱歌曲《瑶山乐》的时候，用鼓感知节奏X　X X俩人一组将这个节奏型以合作的方式完成，一人拍X，一人拍X X，有部分学生在拍X X时，不自觉地发出了“咚咚”的声音。

【分析原因】

学生投入学习的表现。

【解决策略】

在歌唱时，自然地加入一个语言声部：0咚咚。

【教学效果】

课堂上学生的动态生成是教学预设的补充和提升，教师要善于捕捉学生的创造，让它成为教学的拓展，而学生在演绎自己创编的作品时会无比的自豪和投入。假如老师跟着备课预设的思路走，不去理睬那位发出“咚咚”声音的学生，整节课下来也会失去了生命活动所应有的灵活性。课堂在随机推进中才能灵活地展现出诗意般的精彩。

歌曲的情绪表达

陈 菡

【发现问题】

二年级《大海》教学中，发现学生难以在演唱中表现出歌曲的美感和旋律的起伏感。

【分析原因】

对歌曲意境的铺垫不够。

【解决策略】

1. 用《大海》的伴奏作为背景音乐，学生有感情地朗诵《大海》的歌词，在音乐衬托下感受歌词的意境。

2. 让学生在聆听歌曲时闭上双眼，身体随着音乐的旋律左右轻轻摆动。

3. 学生8人一列拉开距离，从左边第一个学生开始向右做波浪形传递，每个乐句轮回一次。

4. 提醒学生将每一个三拍长音唱满，在最后一句稍作渐慢渐弱的处理。

5. 副歌部分“6 5 3 | 5 6 5 – | 6 5 3 1 | 2 – – ”学生模仿老师动作，将右手举高划数字“2”，提示音高的同时也带动了歌曲的情绪表达。

【教学效果】

歌唱是从说话发展而来的，念白、朗诵、吐字、口型和表情的锻炼都能在一定的程度上为学习演唱打下基础。要让学生知道，朗诵与纯粹说话还是有区别的，需要运用气息的支持，保持一个高的声音位置。学生通过身体摆动、模仿波浪、闭眼想象等方式感受大海的波澜起伏，歌唱时做到以情带声，依字行腔。

歌曲中的异域风情

陈 菡

【发现问题】

学习外国歌曲时学生并未切实感受到音乐风格。

【分析原因】

对音乐文化的挖掘不够深入。

【解决策略】

利用有限的空间和素材，让学生感受外国歌曲中的异域风情。一年级上册《我的头和我的肩》，是由非洲音乐改编而成的一首短小有趣的歌曲，在学生学会并能够背诵歌曲的前提下，可组织学生在教室里围成一个大的圆圈，循环播放音乐伴奏，让孩子们随着音乐边走边做非洲舞动作及演唱歌曲，教师在教室中间演奏非洲鼓。

【教学效果】

通过有效的互动体验，学生能够在活动中感受到非洲音乐特有的节奏及非洲人民的歌唱习惯——围成一圈，载歌载舞，对非洲音乐的特点留下深刻的印象。

歌曲中休止符号要唱出意蕴

杨 竹

【发现问题】

演唱《剪羊毛》时，学生总是遗漏八分休止符，唱成连音。

【分析原因】

歌曲速度较快，八分休止符时值较短，学生很容易唱成连音带过。

【解决策略】

学习之初，先设立情境，然后让学生自己编创一个“剪羊毛”的动作，有的人用手指做剪刀状，有的两个手掌做剪刀，等等。接着在唱到第二段有休止符的两个小节时，让学生做剪刀来“剪羊毛”。学生在做动作时，自然而然地就把休止符体现出来了。

【教学效果】

恰当合适的动作辅助比单调的理论知识讲解更能够帮助学生学习歌曲，并且能增强学生自主创造性、参与度和趣味性。

混合拍子及变换拍子

陈　菡

【发现问题】

在教学六年级《小白菜》的过程中，学生对于5/4拍子的把握不够准确，以及对变换拍子掌握得不够自信。

【分析原因】

没有很好地理解拍子之间的切换及强弱。

【解决策略】

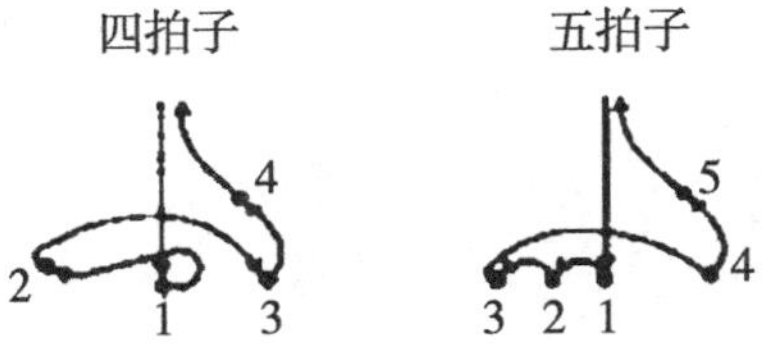

指挥图式

1. 教学生4/4及5/4拍子的指挥图示（如上图），其中5/4拍子可以用3/4+2/4的挥拍方式，学生更易于理解；

2. 播放歌曲，跟着音乐边挥拍边感受旋律。

【教学效果】

掌握正确的训练方法，有助于提高演唱能力。边听边随音乐划拍子，这个方法可以让学生认真体验音乐旋律进行的速度，提升对各类节拍的整体感知力。

记住手号

杨　双

【发现问题】

记不住手号，音高建立有困难。

【分析原因】

学习方法枯燥，记忆困难。

【解决策略】

根据手号的特点创编《手号歌》，如下所示。

【教学效果】

在唱唱做做中，记住了手号及相对的音高。

附

《手号歌》

1= C $\frac{4}{4}$

1 1 1 1 1 – | 1 1 1 – | 2 2 2 2 – | 2 2 2 – |
手 握 小 拳 头 DoDo Do, 指 尖 上 翘 ReRe Re,

3 3 3 3 – | 3 3 3 – | 4 4 4 4 – | 4 4 4 – |
手 掌 拉 平 Mi Mi Mi, 拇 指 向 下 Fa Fa Fa,

5 5 5 5 5 – | 5 5 5 – | 6 6 6 6 6 – | 6 6 6 – |
手 掌 立 起 来 Sol Sol Sol, 手 腕 向 上 提 La La La,

7 7 7 7 7 – | 7 7 7 – | 1̇ 1̇ 1̇ 1̇ 1̇ – | 1̇ 1̇ 1̇ – ‖
食 指 朝 天 上 Si Si Si, 手 握 小 拳 头 DoDo Do.

加垫音辅助唱好一字多音

李叶子

【发现问题】

学生在唱《嘀哩嘀哩》时，下面这句容易唱错，第一段歌词往往能唱对，在同样的节奏和音高的第二段歌词中，学生容易把节奏型“小朋友”唱成“小朋友”。

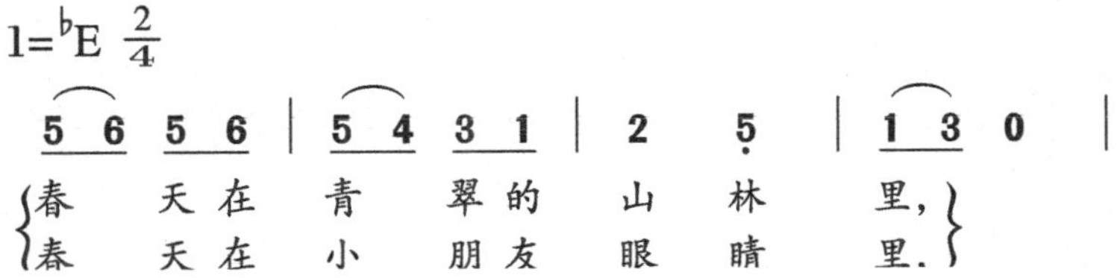

【分析问题】

学生对熟悉的歌曲喜欢凭感觉唱歌。

【解决问题】

教师将这一句写在黑板上，并在“小”字后面添加一个“ao”，将歌词变成“春天在小（ao）朋友眼睛里”。每当演唱到这句时，教师指向黑板提醒。

【教学效果】

加上垫音，在学生唱歌时不断地干预，逐渐提高学生的专注力，熟能生巧，学生逐渐从机械地加唱垫音过渡到有音乐性的表达。

加个二声部让演唱更尽兴

尚世杰

【发现问题】

《快乐的铁匠》是一首朗朗上口的歌曲，孩子们很快就学会了，之后他们需要更尽兴地演唱。

【分析原因】

喜欢音乐是孩子们的天性，好听的歌曲让他们快乐激动，表现欲增强。

【解决策略】

选出最有特点的一句，作为固定音型给主旋律伴唱。（如下图）。

【教学效果】

塑造了一个更鲜活快乐的铁匠形象，丰富了歌曲的艺术表现力。

附

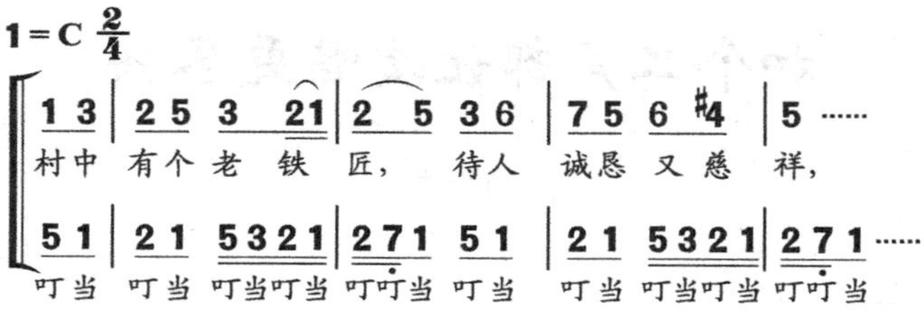

加入伴读的歌唱

尚世杰

【发现问题】

《太阳出来喜洋洋》歌曲短小易学，学生一遍一遍重复地歌唱，感觉很无趣。

【分析原因】

演唱形式单一。

【解决策略】

加入伴读形式的演唱。全班同学分成二声部，一声部齐唱歌曲，二声部加入伴读：$\frac{2}{4}$ 0 0 | 0 0 | 太阳 出来 | 啰喂 | 0 0 | 0 0 | 挑起 扁担 | 上山 岗 | 光 扯 | 郎郎 扯 ‖。

【教学效果】

运用原作中的音乐材料对歌曲进行了二度创作。伴读形式的加入使歌曲的表现力更加丰富，学生觉得有新意且越来越喜欢唱这首歌，他们把每一次的演唱作为一种奇妙地审美体验。

建立内心节拍感

尚世杰

【发现问题】

《拉勾勾》是一首优美的儿童歌曲，三拍子的运用增加了亲切感，可是学生在歌唱时速度却很不稳定，尤其是“小小指头勾一勾”这一句容易抢拍。

【分析原因】

由于每个孩子对节拍的天生敏感度不同，所以对节拍稳定的把握能力也有所不同。

【解决策略】

在教师的指挥下做如下练习：前奏→内心默唱：“金勾勾，银勾勾”→开口唱：“小小指头勾一勾”→内心默唱：“金勾勾，银勾勾”→开口唱：“我们都是好朋友”。

【教学效果】

这个活动适合在歌曲学会之后开展。在教师的指挥下，学生专注地聆听音乐，即兴灵活地对“内心唱”和“开口唱”部分进行分工，准确进入乐句。若邀请学生来做小指挥，学生的积极性会更高。

建立稳定的节拍感

尚世杰

【发现问题】

演唱歌曲《月亮月光光》，从一个乐句进入另一个乐句时，容易抢拍。

【分析原因】

节奏把握不准确、节拍不稳定。

【解决策略】

以《月亮月光光》为背景音乐，做拍腿的声势伴奏（X – – –）。教师的示范很重要，可以跟学生以每一小节为单位做接龙的练习，在这个过程中教师少说为妙，要多用肢体语言，强调音乐的感觉，建立内心的节拍感。

【教学效果】

当学生歌唱出现问题时，教师通常会把精力倾注在语言的讲解上，但越想讲明白，学生的表现越不尽人意，因为过度讲解与音乐本身就是背道而驰的，这种现象严重侵蚀了音乐课堂的本体。教师要善于用音乐的方法引导学生体验音乐元素，让学生在音乐体验中获得知识和技能。

教唱歌曲合唱部分有所思

潘彦瑾

【发现问题】

二声部歌唱的效果不是很理想。

【分析原因】

教师没能够充分挖掘教学资源和了解学生特点，没有做到因材施教。

【解决策略】

1. 根据学生不同的音乐知识储备条件进行分层教学，音准相对较稳定的一部分同学进行一声部演唱学习，巩固音高，统一音色。

2. 另一部分同学借助课堂乐器——竖笛辅助教学，学习吹奏歌曲的第二声部。

3. 待两部分同学都对自己的任务熟练掌握后再进行合作。

【教学效果】

自然班级合唱的教学方法根据学生的基础和能力进行适度的变化，和器乐教学相结合，分层教学，降低了难度；人声和乐器的融合解决了本首歌曲合唱部分的难点，给学生的演唱增加了自信，更为作品的完整表达打开了另外一扇窗。

结束在高音也要唱好

李珮旗

【发现问题】

《老爷爷赶鹅》中最后一乐句的高音do唱得很随意。

【分析原因】

虎头蛇尾的歌唱习惯。

【解决策略】

高音do处，教师将手臂伸长手掌拔高，同时指导学生演唱高音时眉毛轻轻挑起。

【教学效果】

创设与歌曲表现内容相适应的教学情景，结合实践活动进行演唱技能的练习，适合小学生的特点。教师的动作提示，暗示学生提前做好唱高音的准备，进而完整地表达歌曲。练习中，教师要激发学生富有情感地演唱，注意变声期的嗓音保护，避免喊唱。

句尾的时值要唱得饱满

奉泉芳

【发现问题】

在演唱《小白船》这首歌时，跨小节连音线的时值唱得不够足。

【分析原因】

拍律不稳定。

【解决策略】

道具提示。教师用带有绸缎的扇子，扇面打开在身体前侧晃动两次，三拍一次，两次刚好把六拍的旋律长度灌满（| 3 - - | 3 - - |）。当教师把扇子收起时，指挥学生接唱下一句。

【教学效果】

运用道具对学生的歌唱做提示，在不失旋律的线条感的基础上，巧妙地将歌曲的韵律代入学生的歌唱中。在这个练习中，扇子就是一个指挥棒，在反复的练习中，让三拍子的韵律不断作用于学生的内心听觉。

老歌新唱

古莉莉

【发现问题】

《哈哩噜》这首歌曲三年级学过，六年级教材中又出现，学生表现得不积极。

【分析原因】

表现方式单一。

【解决策略】

将学生分成三组。第一组歌唱，第二组跟随教师在鼓上拍出节奏型“X　X X X　X”，第三组“哈哩噜”后面拍手。

【教学效果】

分角色演绎歌曲这种方式非常适合高年级的学生，不仅能激发他们的学习兴趣，大家还能在合作中找到默契。

利用舞蹈动作辅助歌曲学习

古莉莉

【发现问题】

在演唱《掀起你的盖头来》这首歌时，学生容易把相似乐句演唱成相同乐句。

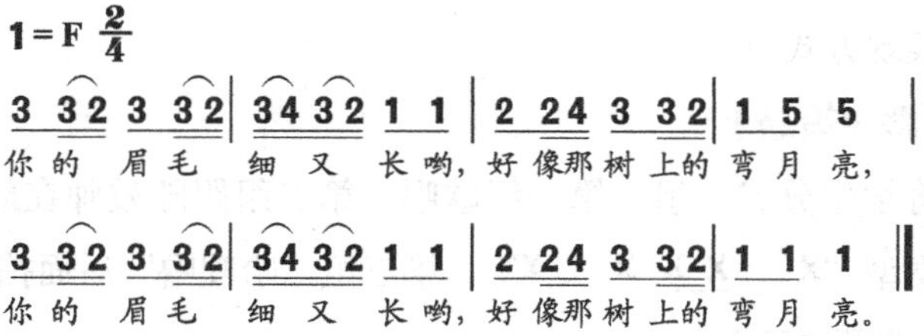

相似乐句

【分析原因】

歌词相同，旋律不同，学生容易唱成同一乐句。

【解决策略】

利用新疆舞压绕腕的特点，相同乐句设定同一动作，相似乐句设定不同动作。例如：第一乐句的弯月亮15 5（双手绕腕，在身体上方）第二句的弯月亮11 1（双手绕腕，在身体前

下位）

【教学效果】

动作的高低配合旋律的高低走向，直观、明确，学生歌唱时不会犹豫不定，使更多的精力放在歌唱的艺术表现力上。

利用小乐器体验渐强与渐弱

李叶子

【发现问题】

歌曲《勇敢的鄂伦春》，开头与结尾的渐强与渐弱，学生不能很好地表现，使歌曲缺乏意境。

【分析问题】

缺少歌曲的画面与力度变化之间的关联想象。

【解决策略】

1. 借助多媒体音响给学生演示飞机、风声等音效，师生共同讨论，并提炼出这种声音的变化。在音乐的理论上这被称为渐强与渐弱。

2. 教师准备沙锤、卡巴萨等小乐器，让学生体验渐强与渐弱的变化。

3. 教师截取歌曲中马蹄的那两段声音，学生用拍手或乐器表现歌曲中渐强与渐弱的节奏，练熟后，跟着歌曲完整展现。

【教学效果】

将自然界和生活中的渐强与渐弱的声音做好链接，并用打击乐器去模仿，积累音乐经验。

恰到好处地表达歌中的强弱

奉泉芳

【发现问题】

唱《是谁在敲》这首歌时，力度表达得不自然。

【分析原因】

没养成预备的习惯。

【解决策略】

身体的收缩和扩张来配合歌唱。“P”团身，音量减弱；“f”立直身体，音量增大。教师要在力度变化前，提前向学生做好暗示。

【教学效果】

肢体动作与歌唱结合，能有效帮助学生唱好力度记号。在实践过程中，要让学生认识到歌唱中提前准备的重要性。

让低年段学生更清晰地认识到节拍

李珮旗

【发现问题】

低年段学生对常见的几种节拍概念很模糊。

【分析原因】

节拍概念对低年段太难理解。

【解决策略】

教师将乐谱画成一列音乐小火车，音符比作乘客座位，每个座位代表一拍，那么二拍子（2/4）歌曲便是每节车厢画俩个位置，旋律上方的拍号画做列车号，拍号为四三拍（3/4）时，同样，每节车厢加一个座位，那么列车号为四三拍（3/4）。以此类推让学生回应。

【教学效果】

以画画的方式帮助学生去了解这几种常见的节拍，让学生很直观、清晰地认识它们。

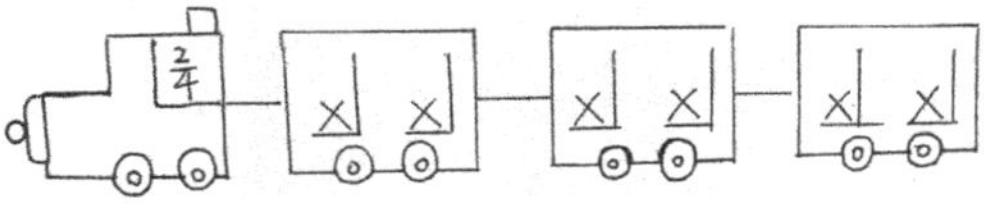

音乐小火车

容易唱错的地方要“巧”设计

尚世杰

【发现问题】

《我们学校亚克西》中“亚克西”这个词组出现频繁，而且是不同的节奏组合，学生歌唱的时候容易混淆，影响歌唱的艺术表现力。

【分析原因】

知识技能掌握得不扎实。

【解决策略】

1. 节奏模仿练习：①XXX 0 ②X X X ③XXX X X | X 0。

2. 对照节奏谱练习。

3. 请一位学生任意选择一条拍奏，大家猜猜他选的是哪一条，再模仿，加深印象。

4. 在《我们学校亚克西》的谱例中找一找这些带有XXX X X | X 0节奏的“亚克西”有几处，并做好标记。

5. 教师范唱，学生在 XXX X X | X 0 处拍击，再转换成唱词。

【教学效果】

通过听、模、奏、唱等学习方式，帮助学生自然地学会歌曲，在师生有趣地互动中，逐渐提升学习能力，把知识技能运用到歌唱中。当然，教师要帮助学生把歌唱演绎成一种淡化了技巧关注的心音流淌，让学生在歌唱中真正去体会音乐美。

如何让歌声不拖沓

尚世杰

【发现问题】

《牧童之歌》中“骑上骏马扬起鞭，赶着牛羊下河滩”这一句，学生在歌唱的时候，感觉总是懒洋洋的，没有激情，即使找到了欢快的感觉，也“抓”不住，很快就“放”掉了。

【分析原因】

有这两方面的原因，一是没有做好唱歌的准备，不够兴奋；二是八分附点接十六分音符的节奏比较难唱。

【解决策略】

方法1：在黑板上用点和线的组合画出音乐律动的感觉。四个小节的音乐感觉的图形谱如下：

·· —— ·· —— ·· —— ·· ——

方法2：用动作辅助歌唱。身体坐端，并表现出骑在马上得意欢快的样子，左右手轮流轻拍大腿，半拍一次。动作的幅度要很小，这样有助于声音的控制。

【教学效果】

在教师的指导下看着图形谱唱，矫正了学生习惯拖沓歌唱的感觉，连音、断音的交替变化赋予了歌曲鲜活的音乐形象。边做律动边唱歌，做到声情并茂，歌声富有韵律感。

弱拍强起问题的处理

陈 菡

【发现问题】

学唱贝多芬的《欢乐颂》时，学生这一句唱不好。

1=G $\frac{4}{4}$ 1 2 5̣ 3 | 3 3 4 5 |

【分析原因】

学生尚未理解连音线的含义。

【解决策略】

1. 先去掉连音线唱 1 2 5̣ 3 | 3 3 4 5 | 再加入连音线进行演唱。

2. 教会学生看4/4拍子的指挥手势，在第4拍唱“mi”并持续两拍，解释“两个相同音高用连音线连起来只需要唱一个”，并配合换气记号进行练习。

【教学效果】

加入指挥的演唱，学生能够很好地把握节奏，多加练习越唱越自然。

弱起小节的起唱

尚世杰

【发现问题】

《祝你圣诞快乐》，四个乐句，弱起。弱起小节进入不肯定，内心缺少美好的感觉。

【分析原因】

内心节拍感弱。

【解决策略】

两人一组，把学具（文具盒、书等）假设成圣诞礼物，随着音乐表演互相赠送礼物的样子。从乐句开头的弱拍准备，强拍送出礼物，动作连贯，灌满整个乐句。起初，教师用敲击三角铁来辅助学生聆听小节中的强拍，熟练后，请学生主动去聆听音乐。

【教学效果】

用“送圣诞礼物”的游戏，来帮助孩子体会弱起小节，感受乐句与乐句之间的衔接。在动作反复中，孩子们的内心逐渐柔软，他们不仅仅是在唱一首歌，而是在慢慢体会爱的表达与传递，培养了内心聆听的音乐感觉。

弱起小节的学唱

尚世杰

【发现问题】

0 X X X | X· X X | X X X 中的“0”在强拍中，形成乐句的弱起小节，是《祖国像妈妈一样》中的难点，学生不容易掌握。

【分析原因】

节奏感弱。

【解决策略】

用声势动作练习弱起乐句。

1. 动作说明：第一小节，拍腿，左手拍一次，右手拍三次；第二小节，双手同时拍腿一次，手掌在大腿上向前摩擦；第三小节，双手指尖同时拍膝盖三次。

2. 分四个小组，每一组做动作一次，并按节奏配读一句话。特别留意第四小组与其他三组的配节奏读词不一样，最后一小节拍手一次。

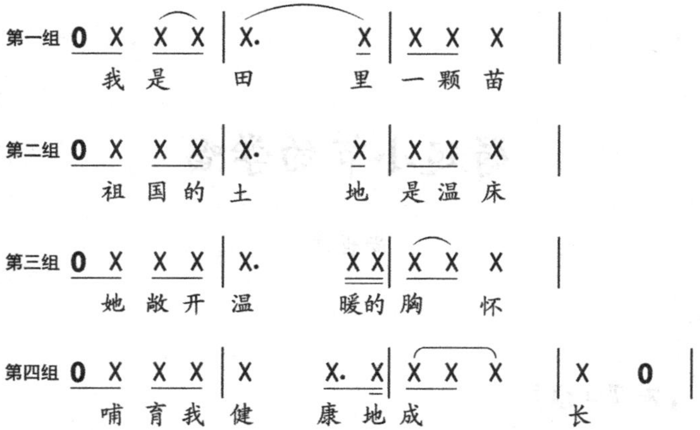

3. 教师范唱，学生分组在这个节奏上做声势动作。

【教学效果】

节奏训练在这里既是教学导入，也是教学内容和方式的基础。以节奏为核心，通过朗诵，把动作和音乐融在一起，形成听觉心理，从而产生对歌曲弱起的感觉。

三部教唱法——听、默、唱

尚世杰

【发现问题】

唱歌时音不准或唱错。

【分析问题】

缺乏专心聆听的习惯。

【解决策略】

将唱错的句子找出，组织学生将注意力集中在老师身上，将找出的乐句唱三遍，第一遍听教师唱，第二遍在内心默唱，第三遍开口唱。

【教学效果】

歌曲的学唱方法多种多样，当遇到特别难唱的句子的时候，集中精力认真聆听和模仿就是便捷高效的学习方法。从聆听到默唱，再到开口唱，既是学生对音乐思考的过程，也是提升他们审美能力的过程。

神奇的手号

周亚辉

【发现问题】

学生在学唱一首新歌时，识谱比较吃力。

【分析问题】

1. 识谱教学的方法和手段不适合儿童，没有站在儿童的角度去教学。

2. 缺乏有效、持续的练习。

【解决策略】

以花城版第三册《金孔雀轻轻跳》为例分析：该歌曲一共5个乐句，每个乐句4个小节。

第一步：教师范唱曲谱，让学生基本熟悉歌曲乐谱旋律，对谱面有印象。

第二步：教师演唱第1小节和第3节，第2小节和第4小节不唱音高只做手号；学生一边看教师的手号，一边试着在内心演唱第2小节和第4小节歌谱。（这个环节教师和学生可以转换角色。）

第三步：鼓励学生自己演唱全曲乐谱。

【教学效果】

柯达伊手号在识谱教学中具有重要的位置，在建立内心音高概念、掌握内心模唱技能方面都是很好的教学“工具”。柯达伊手号让学生看见音的高低，直观上认识音的高低，为音乐教学提供有力的实操保障。

识谱可以这样“玩”

李叶子

【发现问题】

学生对识谱感到枯燥和乏味，提不起兴趣。

【分析问题】

缺少适合学生的学习方法。

【解决策略】

以歌曲《两颗星星》为例：

1. 用卡纸做“1、2、3、4”四个音。

2. 将全班学生分为四组，每组组长选一个音，并举在小组前面。

3. 教师演唱《两颗星星》（片段）旋律，当学生听到自己组的同音反复时，就站起来打手号唱出相应的音。

4. 小组间交换卡片，继续练习。

两颗星星（片断）

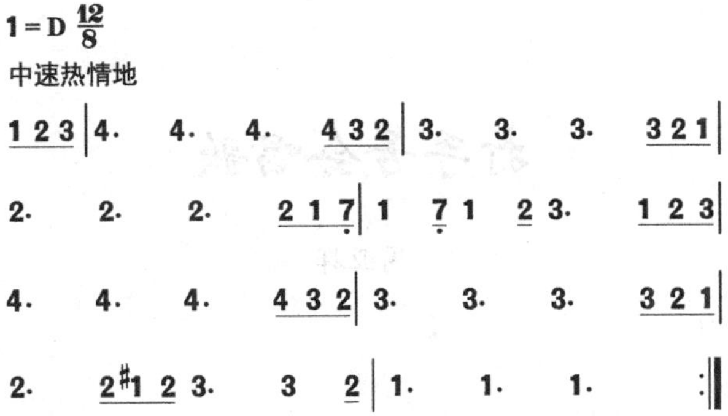

【教学效果】

利用儿童的自然嗓音，采用卡片与游戏结合的综合手段，激发和培养学生对音乐的兴趣，从而能自然地、有表情地演唱，积极参与音乐活动。

打手号会唱歌

周亚辉

【发现问题】

低年级的学生唱歌总是音不准。

【分析原因】

缺少音高概念。

【解决策略】

1. 找一首熟悉的歌。

2. 边打手号边唱歌曲旋律。

3. 手号模唱接龙。

【教学效果】

找一首熟悉的歌练习识谱，大大降低了学生对识谱的畏难心理，而且手号可以把虚无的音高概念具象化，可使学生直观地看到音高的变化，让学生的感官产生联动——视觉、听觉，提升识谱技能，音准更好，歌儿唱起来更好听。

提升歌唱速度的技巧

陈贤军

【发现问题】

低段学生演唱速度稍快的歌曲有一定的难度，导致咬字不清晰，节奏不稳定等问题。在《稻草里的火鸡》这首歌曲中，最后出现了连续的八分音符，造成了学生演唱困难。

【分析原因】

由于年龄较小，学生的口齿灵活度还不够。

【解决策略】

在教唱这首歌曲时，教师可以先从“中速”进行教学，然后再逐渐的过渡到课本所要求的“稍快”。更为细致一点，我们可以从♩=88的速度开始练习，然后加到♩=94的速度，再加到的♩=102的速度，但是在教唱的过程中一遍一遍地重复容易造成学生产生厌烦感。这时就需要老师使用语言的魅力，一步一步引导学生。在每一遍更改速度的时候，用语言给出下面的速度，如：“火鸡 偷偷 躲起来 了0”；“火鸡越跑越快了！”

【教学效果】

通过由慢渐快的训练，学生的口腔肌肉及节奏也得到了充分的训练，使得整首歌曲的完成度达到了较高的水平，学生也掌握了练习歌曲的小技巧。

唱好歌曲中的休止符

李叶子

【发现问题】

学生在唱《稻草里的火鸡》时，每当遇到休止符的地方，演唱都不够准确。

【分析问题】

学生唱歌时一般只看歌词，很少看歌谱，休止符下面没有对应的歌词，学生通常直接跳过。

【解决策略】

教师根据歌词改编两条节奏：

1. $\frac{4}{4}$ 找 一 找 0 |

2. $\frac{4}{4}$ 找呀 找呀 找 0 |

在读到“0”处时，将声音关闭，先用一个声响代替，比如小鼓，熟练后将语言转换成身体动作音响，然后从歌曲中找出相对应的地方，在钢琴的辅助下学唱。

【教学效果】

教学中要让学生掌握正确的训练方法来提升音乐技能，比如边唱边划拍，或者有规律地做内心拍律与动作结合的练习。也可以通过基本节拍和节奏的训练，认真体验音乐旋律进行的速度，丰富对各类节拍、节奏型的整体感知力。

填空唱谱

尚世杰

【发现问题】

学生在歌唱《洋娃娃和小熊跳舞》这首歌时，四个乐句的句尾容易混淆。

【分析原因】

句尾的旋律相似，一三句是连续两个三度向上跳进，二四句先是一个三度向上跳进，接着是一个三度向下的跳进。

【解决策略】

教师视唱整首歌的曲谱，在每句的句尾处边打手号边唱，然后教师再唱谱时，学生在句尾处根据教师的手号填空唱谱。

【教学效果】

在手号的提示下，学生在歌唱时对旋律的走向有了把握，而且可以自信地演唱，在反复练习中旋律逐渐内化于心，歌唱也会越来越自然。

调整歌唱中的音准

陈　思

【发现问题】

《小鼓响咚咚》四个乐句，学生容易将歌曲最后一句

$\underline{2\ 3}$ 6 5 | $\underline{2\ 2}$ 1 – | 唱成 $\underline{2\ 3}$ 6 5 | $\underline{2\ 3}$ 1 – ‖。

【分析原因】

低年段的学生对音高的感知力有限，相似的旋律对他们而言不易听辨。

【解决策略】

1. 教师通过自身的范唱进行言传身教，强调并反复巩固学生的音高概念。

2. 通过手号让学生在视觉上建立音高概念，唱到相应乐句的时候用手号做适当引导。

3. 通过语言描述："妹妹要睡觉了，请你平稳地唱完最后一句，把音唱高了会吵到她哟。"熟练后，让学生主动去聆听自己的声音，准确地演唱出来。

【教学效果】

用范唱、手号、语言，来帮助学生建立音高概念，在反复的强调中熟能生巧，最后达到自然的歌唱状态。

跳进音程这样唱

陈　菡

【发现问题】

六年级《乘着歌声的翅膀》教学过程中，学生难以唱准大小六度及小七度的跳进音程。

【分析原因】

对音程音高把握不准。

【解决策略】

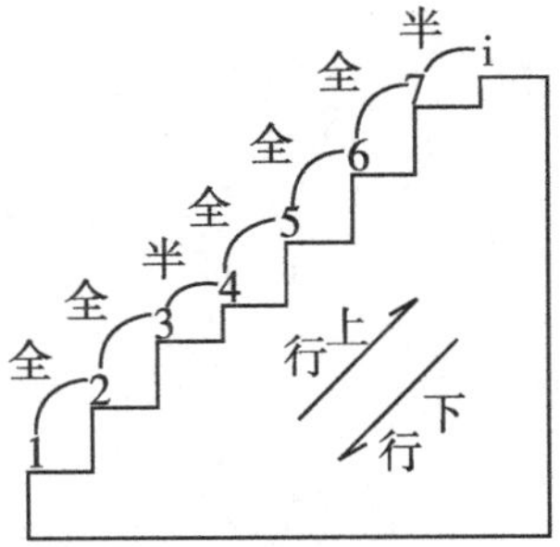

音阶图

1. 越跳越高小游戏，运用音阶图进行音阶上行及下行跳进游戏，教会学生搭桥构唱，例如六度音程 **5　7̣**，可以先唱下行音阶 **5　4　3　2　1　7̣**，再唱出首尾两个音高 **5　7̣**。

2. 用唱简谱，“lu”哼唱，接龙唱等多种形式，看谁唱得最准。

【教学效果】

通过不断的变化练习，逐渐增加学习难度，学生积极参与，最终较好地达成教学效果。六年级学生已经具备一定的音高音准能力，但仍然需要不断练习方能得到巩固提高，因此简谱识唱及音阶练习都是尤为重要的环节。

图谱提示演唱技巧

陈贤军

【发现问题】

在教授三年级《我们大家跳起来》一课时，发现有顿音记号的地方，孩子们唱的弹性不够，不能表现出歌曲的风格特点。希望通过图谱的运用，体会歌曲情绪，从而加强学生对音乐美的体验和表现。

【分析原因】

学生的演唱技巧和音乐表现力不够。

【解决问题】

根据歌曲旋律情绪的变化，唱顿音时的图谱是“√”，唱连贯流畅的音，根据音高特点画出线图如“/，”等。

【教学效果】

学生通过图谱，从图形的特点了解演唱的特点，进一步感受歌曲的风格，培养学生表现音乐内涵的意识，增加了课堂的趣味性，同时也激起了学生的学习兴趣。

附

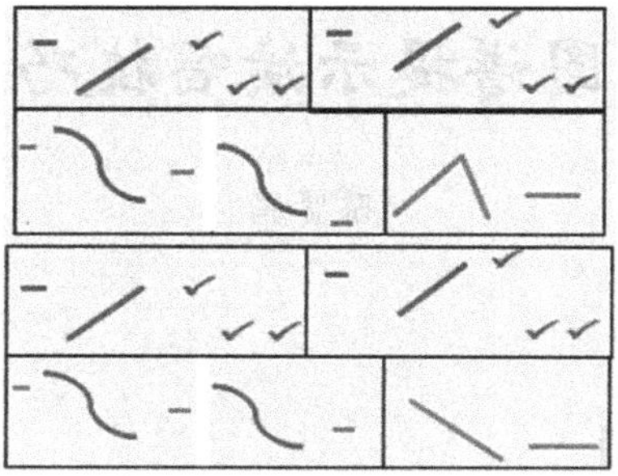

图谱提示演唱技巧

把三拍歌曲唱得有韵律

李叶子

【发现问题】

学生在唱《我们大家跳起来》时，歌声呆板机械，缺少三拍子的韵律美。

【分析问题】

应专注地聆听，找到三拍子的舞蹈性。

【解决策略】

学生边跳边唱。教师准备几个呼啦圈一个挨一个平放在地上，学生两人一组手拉手排好队，唱歌时，在进入歌唱的第一个强拍的地方踏入圈内，双手向上举，第二个强拍再踏出圈外，双手放下，动作循环至歌曲结束。

【教学效果】

借助道具配合肢体动作的歌唱，十分巧妙地帮助学生感受三拍子音乐的韵律，在唱唱跳跳中激发学生表现力。活动中注意提醒学生乐句感，不要吧每个小节切割开来唱。

五声调式怎么“玩”

陈　菡

【发现问题】

小学教材中歌曲经常涉及五声调式，而学生对于“民族五声调式”仍感到陌生。

【分析原因】

日常教学中对五声调式的有意渗透不够。

【解决策略】

1. 课前玩手号游戏，看手号即兴填充旋律，熟悉所学过的五声调式歌曲。例如：老师唱“5 3 2 3”学生根据老师手号唱“5 –”，师接着唱“3 5 6 i”，学生根据老师手号唱“5 –”，逐步完成《五声歌》的旋律接龙唱；

2. 学会歌曲后可以进行简单的五声调式旋律创编，学生以小组为单位进行两个乐句的创编。首先确定一个主题，老师固定第一乐句结束音在“5”，第二乐句结束音在“1”，其他部分由小组合作完成，完成创作可用铁片琴敲一敲、唱一唱。

【教学效果】

三年级学生对于创编都会表现出很高的积极性，虽然旋律创编在初次体验会稍有难度，但学生愿意尝试就是一个良好的开端。此策略可以在日常教学中多用、常用，经过一段时间的有意识训练，学生对于五声音阶的运用，以及节奏、音高、音准的把控能力会得到明显提升。

开开心心识乐谱、唱旋律

李珮旗

【发现问题】

在学唱《五声歌》时，第四和第五乐句中无法轻松、清晰的唱出旋律。

【分析原因】

一是唱名说不清晰、唱不熟练；二是音高唱不准。

【解决策略】

1. 用短促轻快的声音唱“sol mi sol la | do do do | sol mi sol la | do do do | mi sol la do’ | sol la sol mi | re sol mi re | do do do|”。

2. 在上课的过程中，可尝试用旋律填空的方法，让学生在感知音高的同时也熟悉了旋律。例：“5 3 5 (6) 1 1 1̇”，教师弹琴并手号引导，学生聆听判断出括号里的音，并哼唱出来。

【教学效果】

填空的神秘感特别能够激发低年段学生的兴趣，可以促使他们集中注意力聆听钢琴弹出的每一个音，在琴声的变化和模唱中，开开心心地识读乐谱和演唱旋律。

情绪渲染区别乐句

奉泉芳

【发现问题】

在歌曲《有个洋娃娃》中乐句 |4 3 4 2|3 -| 与 |4 3 4 2|1 -|容易混淆。

【分析原因】

学生对于音高的概念较弱。

【解决策略】

情绪、动作引导。出现第一次“价钱太贵啦”，双手展开表示惊讶；第二次出现“价钱太贵啦”，双手抱住自己表示失落。

【教学效果】

情绪的高涨和失落的对比，学生很快感知到两个相似乐句句尾音高的不同，并乐于去尝试。

用手势区分相同歌词不同旋律

王　进

【发现问题】

在学习《有个洋娃娃》时，发现相同的歌词不同的旋律，学生总是唱一样的音高。

【分析原因】

旋律的走向不确定。

【解决策略】

4 3 4 2 | 3 — ||　　4 3 4 2 | 1 — ||
价 钱 太 贵 啦，　　价 钱 太 贵 啦。

这两句的歌词一样，当学生唱第一个“啦”时，打出mi的手号；当学生唱第二个“啦”时，打出do的手号。提示mi和do的手号位置不同，音高也不同，让学生有意识地区别。

【教学效果】

通过用手号提示学生唱准歌曲，提醒学生音高的位置不同，让学生知道在演唱的过程中音高有区别。

相似旋律的区分

陈 菡

【发现问题】

《学我做》一课中，学生对于最后两句相似句子区分得不清楚，容易混淆唱错。

【分析原因】

学生未能清晰把握旋律走向。

【解决策略】

1. 跟老师一起划旋律线，借助旋律线，帮助学生区分最后两句的旋律走向。

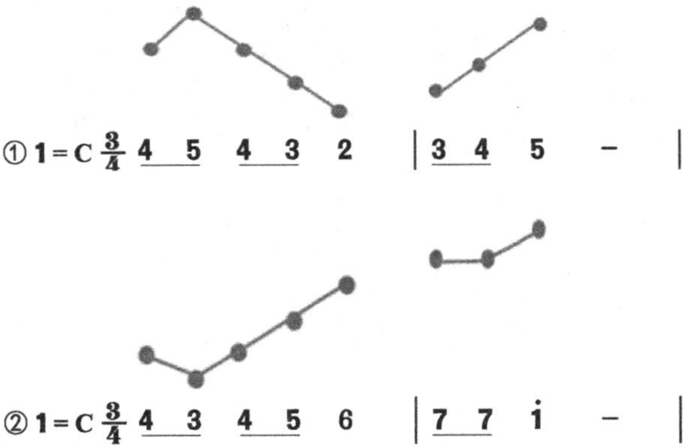

划旋律线

2. 用舞蹈动作提示最后两句旋律走向。

第一句“脚尖点一点转个圈”，学生原地转个圈即可；第二句“脚尖点一点转个圈”时，学生原地转圈并将双手张开举高做飞翔状。

【教学效果】

学生用手指跟老师划旋律线唱简谱，起到巩固音准音高的作用；学生天性好动，最后两句加入舞蹈动作，学生非常喜欢，同时起到提示旋律走向的作用。

小学低年段浅尝二声部

杨 竹

【发现问题】

进入三年级，将开始出现二声部合唱的歌曲。但由于二声部教学会占用较多课堂时间且效果还不一定好，有时候教师对于二声部歌曲直接就唱单声部了。

【分析原因】

对于三年级的学生而言，初次接触二声部，对于音准把握不够准确，很容易两个声部互相干扰。教师为了在课堂教学时间内完成歌曲，经常会只教授旋律声部。

【解决策略】

以一年级歌曲《小毛驴》为例，设计这样一个环节：教师让一组同学演唱歌曲，一组同学模仿骑驴的声音“驾驾”，让他们一起进行。掌握熟练后，教师再给“驾驾”加上一个音，让他们再试试相互配合。接着，还可以再换一个音来配合。这样增加了趣味性，使他们的学习积极性提高了，并在不知不觉中慢慢获得了一些不同声部配合的体验。虽然这样的声部体验还不能称得上真正的二声部合唱，但是只要坚持做，就可以让学生形成声部的概念，为以后出现的多声部教学打好基础。

【教学效果】

用单音旋律让低段学生形成声部概念，初步体验多声部旋律，有利于以后多声部演唱的音高准确度。

休止的艺术

尚世杰

【发现问题】

歌中的休止符要么拖拍唱不准，要么休止得很生硬。

【分析原因】

缺乏表现的艺术性。

【解决策略】

1. 用动作当拐棍。初唱，教师在“0”处轻轻拍手一次。复唱，学生和教师一同在“0”处拍手一次。再次唱，教师不做动作，学生独自在“0”处拍手一次。

2. 教师指挥提示。歌唱的时候，为了淡化让学生在“0”处拍手的机械动作，教师边指挥边声情并茂地示范歌唱，着重让学生体会声断情不断的歌唱技巧。

【教学效果】

有了动作的辅助和教师的指挥提示，学生在歌唱时就有了安全感，自信从容了许多，在休止符处的停顿不仅有了时值的概念，而且富有感染力。其教学思路是通过体验把“音乐技艺之美”迁移至对学生精神世界的影响。

学习卡农

陈贤军

【发现问题】

三年级学生第一次尝试演唱卡农有一些困难，自己的音准、节奏不稳定，总会被另一个声部带走。

【分析原因】

音准和节奏不稳定，多声部概念未建立。

【解决策略】

1. 身体律动体验：教师根据音乐的情绪设计简单律动，先一起用身体律动感受音乐，稳定速度和节拍后，再分声部表现音乐，运用身体律动感受卡农。

2. 熟悉的歌曲体验：复习歌曲《闪烁的小星》，由于这首歌曲学生都非常熟悉，演唱没有难度，先一起齐唱，再分声部运用卡农的形式演唱，了解卡农的演唱、演奏形式。

【教学效果】

学生先通过身体律动感受卡农的表现形式，再通过演唱熟悉的歌曲感受卡农，有这样的体验和铺垫后，学生再学唱歌曲《欢乐歌》就轻松容易多了。

把握好韵律再进行二部轮唱

奉泉芳

【发现问题】

一声部与二声部同时进入演唱时，容易出现混乱。

【分析问题】

歌唱时，两个声部不在一个拍律总是错位，缺少互相聆听的训练。

【解决策略】

跟着鼓声做律动，强拍拍手，然后边拍手边唱歌。一个声部唱好后，再分出第二个声部，看指挥进行二部轮唱的练习，强调相互倾听与合作。每个声部选出几个隐约感觉较强的学生作为声部骨干带领大家唱，唱熟之后两个声部互换。

【教学效果】

合唱学习难度较大，需要大量的练习才能唱出效果，若没有适合的教学方法，学生对歌唱的兴趣和热情很容易被消磨。听唱拍结合的方法，让学生分清自己承担的声部角色，唱准自己的声部，并且融入合唱之中，体会和声的魅力；用骨干带领的方式，主要可以加强声部的稳定性；声部交互练习的方法，可以让每个学生在不同的声部中得到不同技能的训练。

认识切分音时值的小诀窍

王　进

【发现问题】

在学习《凤阳花鼓》一课中，学生不识切分节奏。

【分析原因】

切分节奏是一种特殊的节奏，也是一种较难的节奏，学生之前没有专门学习过，导致学生不会打拍子。

【解决策略】

用四个手指让学生看，如“$\underline{5}\ \ 5\ \ \underline{\dot{1}}$”这条节奏，伸出四个手指平均分开，先用四个手指读“$\underline{X\ X}\ \underline{X\ X}$”，然后变换手指，把中间两个手指并在一起，所以中间连着读成“$\underline{X}\ \ X\ \ \underline{X}$”。

【教学效果】

通过学习切分节奏的时值，能有效地唱准切分节奏型，并在懂得缘由后更好地理解切分节奏。

歌儿是“听”会的

尚世杰

【发现问题】

学唱歌曲《凤阳花鼓》，学生把切分音 $\underline{X}\ X\ \underline{X}$ 唱成 $X\ \underline{X\ X}$，若单独练唱此处并不成问题，只是放在整首歌曲中，一唱到这里学生就会卡壳。

【分析原因】

不熟不能生巧。

【解决策略】

用不规律的师生接龙歌唱法，引导学生主动聆听。所谓的不规律是指在教师即兴指挥下接唱歌词，比如，有时教师唱一整句，只把这句中的最后一个字留给学生唱，有时教师唱前半句，学生接后半句。切记无论怎样不规律的接龙唱，教师一定要把难点留给自己，反复若干次。

【教学效果】

学生内心对歌唱的要求是完美的，由于受音乐技能所限，不能完美表达，那么，教师就要在他们实际的不完美和内心的完美之间搭一座桥，想一些办法来帮助他们安全通过这座桥。

正是由于“接龙”是即兴的、不规律的，所以学生精力会高度集中，生怕会接错。在反复接龙歌唱中，学生多次专注地聆听老师唱的切分音，再轮到自己唱时基本就准确了，也把握了歌曲的演唱风格。

一口气唱一个长句子

王 进

【发现问题】

学生在唱较长乐句的时候，中间换气影响音乐的整体美。

【分析原因】

缺乏气息支持。

【解决策略】

如《木瓜恰恰恰》中有一句“有番石榴，有菠萝，有芒果，有香蕉，有榴莲，还有都古”。教师引导学生把自己想象成一个水果店老板，把自己的货品如数家珍般地一口气数完。

【教学效果】

这个练习跟相声中贯口的表现形式很像，一气呵成数完水果摊上的水果。非常生活化的情景设计，让学生特别乐意挑战，从而达到一口气唱一个长句子的教学目的。

一字多音加切分音的歌唱

尚世杰

【发现问题】

歌曲《来吧！快乐的节日》“捧着鲜花去唱歌跳舞”一句歌唱起来有难度。前半句“捧着”是切分节奏，“鲜花去”是前四分音符加两个八分音符组合（X X X）。一字一音的唱法，比较容易唱会，只是后半句的“唱歌跳舞”，“唱歌”两个字是一字一音，会受到前一小节X X X节奏的影响，容易把“唱”字错唱成一字两音，“歌跳舞”唱成一字一音。

【分析原因】

不熟不能生巧。

【解决策略】

加垫音，强化训练。教师唱“捧（eng）着鲜花去”，学生接唱“唱歌跳（ao）舞”，再交换唱一唱。若干遍之后，把整句连起来唱一唱。

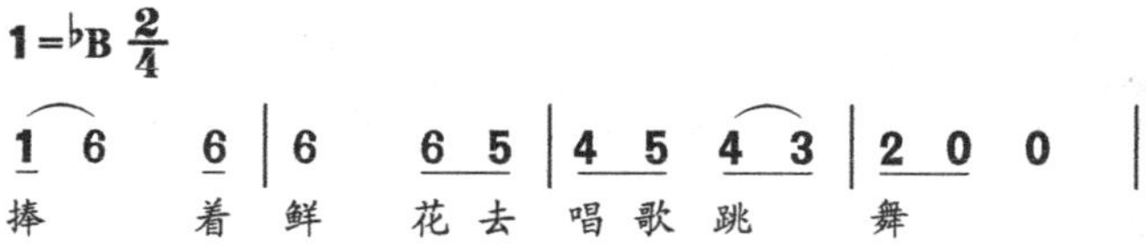

【教学效果】

一字多音的歌唱方法，除了多聆听之外，可在多音处添加垫音，让学生一开始就唱对，使学习不走弯路，在此基础上反复练唱，达到熟能生巧、胸有成竹地歌唱。

一字多音可以这么教

尚世杰

【发现问题】

谱例中的“天”字，是一字多音，学生唱不好。

【分析原因】

受前一小节词曲结合的惯性影响。

【解决策略】

加垫音。在“天”字的后面加“an”，反复练唱。

【教学效果】

能自如地演唱，提升歌曲表现力。

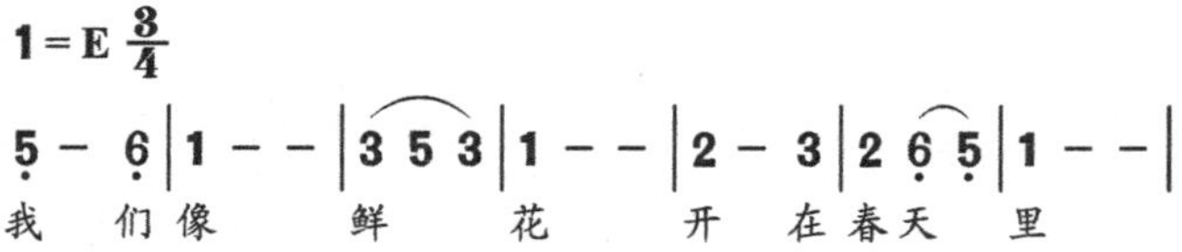

用表情辅助音高音准

陈　思

【发现问题】

《音阶歌》中的“7”和“$\dot{1}$”学生唱不准，音色不够优美。

【分析原因】

音区偏高。

【解决策略】

教师示范：演唱7抬起眉毛，演唱$\dot{1}$竖着张大嘴巴，学生轻声模仿。一开始稍慢速练习，适应方法。完整演唱歌曲时提醒学生提前做好抬眉毛的准备动作。

【教学效果】

通过教师的示范，学生从直观动作上掌握了演唱高音的方法，经过模仿和反复的练习学生能将“7”和“$\dot{1}$”用优美的音色演唱出来，并学会了高音位置的唱歌技巧。

用柯达伊手号练习和声

杨 双

【发现问题】

二部合唱时，和声感较弱。

【分析原因】

缺少持续的音高训练。

【解决问题】

在平时的音乐课堂中多使用柯达伊手号，用直观的手势表示音的高低，在单音训练的基础上把学生分为两部分，分别看老师的左右手的手号进行和声训练。例如：一部分学生先唱“do”，并按一定的节奏速度不停重复，再让另一部分的学生唱“mi”加进来，唱准音高后再变换手号练习。让学生跟随手号的变化进行模唱。

【教学效果】

手号高高低低的变化，赋予了音高的可视性。长时间持续的练习，可以让学生音感逐渐加强。

用曲式结构帮助记忆歌曲

古莉莉

【发现问题】

《春天来了》这首歌，密集的三段歌词不利于学生记忆。

【分析原因】

学生需掌握歌曲结构的规律。

【解决策略】

首先让学生完整聆听全曲，听辨乐句的异同。用图片或记号在重复和对比处做标记，提示学生要关注歌曲的结构，在歌唱时努力做到有意识的记忆。且教师在弹伴奏时，要加入间奏。

【教学效果】

学生在听、想、唱中始终保持着学习热情。通过良好的学习方法和记忆方法提高学生的学习能力。间奏的加入，让学生对歌曲的结构更加清晰，尤其能避免曲式结构与歌词叙述之间的混淆，同时也是帮助学生为下一段的歌唱做好准备。

童趣语言化解歌唱难度

古莉莉

【发现问题】

学唱《萧》这首歌时，$\underline{6\ \dot{1}}\ \underline{6\ \dot{1}}\ |\ \dot{2}\ \ 6\ |\ 5\ \ -\ |$
呜 的 呜 的 学 会 了

这一乐句学生喜欢喊唱。

【分析原因】

学生在演唱时声音的调控能力弱，缺乏美感。

【解决策略】

老师：我们一起模仿吹萧吧。

学生：跟教师一起模仿吹箫动作，用歌唱的方式来表现萧的声音。

老师：小宝宝第一次学吹萧，他害怕吹错，想偷偷的把这个秘密告诉我们。

老师：声音有控制地示范演唱。

学生：模仿老师的声音，把“秘密”送给老师。

【教学效果】

教师用童趣语言解决学生高音喊唱的问题，老师把秘密送给最亲爱最亲密的人，学生信任老师，珍惜、新奇、乐意接受，从而达到学习目的。

有趣的节奏对话

周亚辉

【发现问题】

音乐学习的初期，学生不静心，节拍节奏不稳定。

【分析原因】

学生喜欢参与节奏学习，但学习习惯不好，总是不模仿、不观察就急着参与教学活动。

【解决策略】

1. 教师寻找身边能够敲打出任何声音的物件敲打。学生会格外注意声音传出的方位，同时用耳朵辨识不同音色的无序节奏，成功引起学生的关注后，才开始展开音乐教学。

2. 教师选择对比性强的音色物体进行来回敲击，接着从无意义敲击变成固定节奏型敲击，从“非音乐语言”转移到“音乐语言”。

3. 当学生注意力和聆听开始启动之时，要求学生用拍手的方式模仿教师敲击的固定节奏型（可以采用一问一答的形式模仿）。

4. 提升能力：教师可以与学生进行完全模仿“固定节奏”

的模式，也可以采取“不完全模仿”的形式进行节奏对话。

例：

教师：X　X X　X　X　学生：X　X X　X　X

教师：X　X X　X　X　学生：X X　X　X X　X

【教学效果】

音乐是聆听的艺术，从聆听进入模仿，快速且有效。学生通过聆听与模仿活动感受参与艺术活动是学习艺术的最好方式，能事半功倍地解决音乐难点。

有趣的轮唱

古莉莉

【发现问题】

学生初学二部轮唱有些困难，尤其是结尾处需要两个声部同时结束时，学生把握不准。

【分析原因】

一是主旋律不熟，二是没有激发学生的演唱兴趣。

【解决策略】

以《翠鸟咕咕唱》为例。

1. 唱熟主旋律。

2. 在不同段落前，用图形作为声部区分。

3. 用不同颜色线条标识两个声部。红色线条代表一声部，黄色线条代表二声部。第二声部的最后一句用绿色线条标识，提醒学生演唱此处时，要倾听第一个声部，保持歌唱的和谐。

【教学效果】

色彩的划分，可以帮助学生快速区分声部，确保歌唱的准确性。

运用阿卡贝拉的形式伴奏

陈贤军

【发现问题】

歌曲伴奏形式比较单一。

【分析原因】

教师一般播放伴奏或者是为学生弹伴奏。

【解决策略】

根据歌曲的情绪，选择运用阿卡贝拉——人声为歌曲伴奏。如歌曲《童年》，教师拍手，学生就念出“咚”，教师拍腿学生就念出“哒”，当学生跟上教师速度后，教师慢慢引出节奏“咚　哒 咚　|　咚 咚　哒　|”，提醒学生注意音量和声音位置，学生稳定速度后，教师轻轻唱起歌曲《童年》与学生合作。学生把歌曲熟唱后，让学生自由组合运用阿卡贝拉表现歌曲。

【教学效果】

通过身体律动初步感受歌曲的速度、节拍，再引入声势、全体学生合作，培养学生稳定节拍感；当全体学生稳定速度后，教师再唱起歌曲。师生在潜移默化中合作，继续让学生感受音乐的速度和节拍，感受歌曲音乐情绪，初步感受阿卡贝拉的演唱形式，提高学生的学习兴趣。

运用手号辅助演唱歌曲

李叶子

【发现问题】

一年的学生在唱《咏鹅》时，以下两句容易唱错：

1=C $\frac{2}{4}$

<u>2 1</u> <u>2 3</u> | 5 - | 和 <u>2 1</u> <u>2 3</u> | 5 $\dot{1}$ |

白 毛 浮 绿 水， 白 毛 浮 绿 水，

【分析问题】

这两句歌词一样，旋律相识，学生容易凭感觉把旋律唱成一样的。

【解决策略】

唱第一句时，在“水”的地方，手在对应胸口的位置打出“5”的手号，并沿着二分音符将手臂平行拉开；唱第二句时，在“水”的地方，第一拍做“5”的手号，第二拍在对应头部的地方做“1”的手号。

【教学效果】

通过手号的位置不同，让学生在音乐体验与感受中，逐渐积累欣赏音乐的经验。

怎样唱好渐强渐弱

王 进

【发现问题】

学习《青蛙合唱》时，一句渐强一句渐弱，很难唱出渐强和渐弱的变化。

【分析原因】

对渐强和渐弱记号的唱法不理解。

【解决策略】

为了帮助学生识记渐强、渐弱记号，我教学生读儿歌：“渐强记号像喇叭，左边小来右边大，声音越唱越响亮。渐弱记号像把剑，左边宽来右边尖，声音慢慢听不见。”在学生理解了渐强和渐弱记号之后，把它运用到歌曲中，体验一下用了力度记号之后歌曲演唱效果的变化。

【教学效果】

通过对力度记号渐强和渐弱的处理，学生体验到了声音强、弱的变化，歌曲听起来更加生动。只有学习和掌握了一定的音乐知识和音乐表现技能，才能更好地理解音乐的内涵，才能谈得上运用音乐语言表达自己的感情。

音高与力度

奉泉芳

【发现问题】

《青蛙合唱》中的渐强渐弱表达得不自然。

【分析原因】

没掌握音阶上、下行与力度的关系。

【解决策略】

借助参照物辅助学习。学生们借助五个手指头（手掌横摆），从下到上，小拇指、无名指、中指、食指、大拇指，分别代表“do、re、mi、fa、sol”；音高从低到高，音量从弱到强。

【教学效果】

通过手指辅助，学生掌握了上下行音阶，并通过爬楼梯的方式，让学生在演唱时有所参照，可以有效地控制自己声音的强弱。

怎样唱准相似的旋律

尚世杰

【发现问题】

《土拨鼠》这首歌有四个乐句，其中第一和第三乐句的句尾分别结束在7、3和7、7两音上，学生特别容易混淆，往往把第三乐句的7、7也唱成7、3。

【分析原因】

聆听不够专注，缺乏音高训练。

【解决策略】

1. 反复听唱练习3、6、7三个音。

2. 板书歌曲的四个乐句，把每句的最后一小节空出，同时出示三个音组：[7 3] [6 6] [7 7]

3. 教师视唱完整乐句，句尾在钢琴上弹出其中一个音组，学生听辨是哪个音组，然后练唱。

【教学效果】

对比和聆听是歌唱教学非常有效的方法，发展音乐的听觉应该贯穿音乐教学的全部活动中。同时，教师的琴声和动作也是向学生传递音乐技能美的一个重要途径。

长短音节奏X.X XX

杨 双

【发现问题】

长短音节奏进入不肯定，附点四分音符的时值较容易唱成四分音符的时值。

【分析原因】

学生对附点四分音符的时值长度掌握不好。

【解决问题】

例如《阿里郎》歌曲中的第四句第一小节 1· 2 1 2 |（出 了 门）在“出”和“了”之间加一个“wu”音，用魔法小卡片 Wu 表示出来，把“出了门”唱成“出wu了门” 1· 2 1 2 |（出（wu）了 门）

在学生演唱熟练并保证附点四分音符的时值后去掉魔法小卡片“wu”引导学生把“wu”字藏在心里，感受长短音节奏。

【教学效果】

歌词中加入垫音，帮助学生迅速解决词曲结合的问题，在此基础上充分体会附点四分音符的节奏感。

找找生活中的“节奏”

陈 菡

【发现问题】

学生对节奏型掌握不够熟练。

【分析原因】

没有将知识与生活相结合，日常使用率太低。

【解决策略】

1. 以四年级上册《we will rock you》为引子，跟随教师拍打节奏，感受 X X X | X X X | 节奏型。

2. X X X |这个节奏在我们生活中也很常见，例如我们读三字经时，人之初、性本善、性相近、习相远。

3. 你还能想出哪些节奏与生活结合的例子吗？（例如：中国队，加油——X X X X X，倒车，请注意——X X X X X等）

4. 老歌“新”唱，将《两只老虎》改编成不同节奏的版本进行演唱。

【教学效果】

通过找寻生活中的节奏，学生感受到原来生活中的语言也是有节奏的；老歌新唱的环节让学生更加直观感受到节奏改变后歌曲产生的变化。

做好突弱的准备

王　进

【发现问题】

在学唱《唐老伯有个小农场》时，在“这儿吱吱吱，那儿吱吱吱”处，不能很好地将声音进行“突然弱下去”的控制。

【分析原因】

歌唱准备不足。

【解决策略】

教师的手势和眼神提前做好相应的预示，当唱到“这儿吱吱，处处叫着吱吱”时，教师提前将身体收缩变小，同时用缩小口型和突弱的指挥手势提示学生要弱唱。

【教学效果】

教师的势态语给学生的暗示，恰到好处地向学生传递音乐要表达的意图。掌握了突弱的歌唱技能后，使整首歌曲的表达充满童趣。

感知歌曲中的弱起乐句

李珮旗

【发现问题】

在学唱《唐老伯有个小农场》的时候，歌中出现了弱起乐句，部分学生在此处易唱错。

【分析原因】

和前一乐句相似，因此习惯性延长一拍，导致弱拍进不来。

【解决策略】

聆听音乐，在二、四、六、八小节的前三拍击掌，第四拍设定一个拍肩动作，感知乐曲中的休止符及弱起乐句。

【教学效果】

在乐曲中弱起部分出现时，老师以动作引导提示，暗示学生在此开始做好弱起歌唱。

用体态律动解决难点节奏

潘彦瑾

【发现问题】

在学习《小花雀》这首歌时，歌曲的第一小节第一句 111 1（小花雀 呀）总是唱不准。

【分析原因】

在歌曲学唱前的节奏练习没有做好铺垫。

【解决策略】

1. 声势练习：学生脚踩稳定拍，手拍节奏 X X X X。

2. 凡是歌曲中出现 X X X 的地方，都采用手拍节奏的方式演唱。

【教学效果】

运用声势进行学唱前的节奏练习，先突破了歌唱中的难点，帮助学生在歌唱时准确的进入歌曲做好了准备，而且在歌中连续出现 X X X 时，也可自如演唱。

师生问答巧记歌词

潘彦瑾

【发现问题】

唱《小花雀》时，学生总是将歌词唱错，影响艺术表现力。

【分析原因】

教唱方法缺少创意。

【解决策略】

学会歌曲旋律后，教师在谱例上故意将歌词中描写小花雀特点的部分覆盖，然后边唱边问学生："小花雀呀，什么样的头"；学生根据教师的提示回答："小花雀呀，圆圆的头"；教师再问："什么样的嘴呀会唱歌"；学生答："尖尖的嘴呀会唱歌"。为了让学生记忆更深刻，师生还加入了角色互换记忆歌词的方法演唱歌曲，如：师问"什么鸟呀，圆圆的头""尖尖的嘴呀会什么"等，运用多种问答方式，让学生在有趣的对唱和思考中快速地记住了歌词。

【教学效果】

机械地反复无趣哼唱的方法是不符合小学生身心特点的，

教学中要借助一些有趣的手段来激发学生的兴趣。师生问答方式巧记歌词这种互动演唱形式，让学生在有趣的互动交流中快速地记住了歌词。富有挑战性的记忆练习，在“玩”中将歌曲自认而然地慢慢熟悉、记忆，学生非常有成就感，演唱的积极性很高。

第三章

活动延伸

低年段学生感知三拍子在乐曲中的时值

李珮旗

【发现问题】

在学唱歌曲《小鼓响咚咚》时，用鼓声引导学生感知“强弱弱（X X X）”三拍子，学生们模仿时易抢拍。

【分析原因】

低年段学生对旋律稳定拍的控制较薄弱。

【解决策略】

在引导学生感知三拍子时，用语言跟随节拍稍作提醒，例如：“强弱弱”“慢一点”“稳一点”“刚刚好”。

【教学效果】

低年段学生能够对老师的语言或动作的指引做出相应的反应，在肯定的引导语辅助下，学生能更自信清晰地控制好三拍子的稳定时值。

结合动作感受旋律

尚世杰

【发现问题】

学唱《咏鹅》学生对旋律的高低走向把握不准。

【分析原因】

歌曲速度慢，音高跨度大。

【解决策略】

把第一乐段的四句旋律线画到黑板上。一只手臂扮演鹅的长脖子，边唱边画旋律线。第二乐句和第四乐句的尾音分别落在“2”和“1”上，为了让学生感觉到明显的音高区别，第二乐句的句尾动作要有所控制，第四乐句的句尾可夸张一些。

【教学效果】

手臂的象形动作和旋律线高高低低的划动，增加了学生对音乐美感的体验。学唱歌曲时，学生会随着旋律线的划动顺利掌握同音反复、级进和跳进等音的走向。

附

第一乐段的四句旋律

第一乐句：

1=$^\flat$E $\frac{2}{4}$ 1 1 | 1 0 | $\underline{1\ 2}\ \underline{3\ 5}$ | 5 –

第二乐句：

1=$^\flat$E $\frac{2}{4}$ 1 $\underline{1\ \underset{\cdot}{6}}$ | $\underline{1\ 5}$ 3 | $\underline{\underset{\cdot}{6}\ 1}\ \underline{2\ 3}$ | 2 – |

第三乐句：

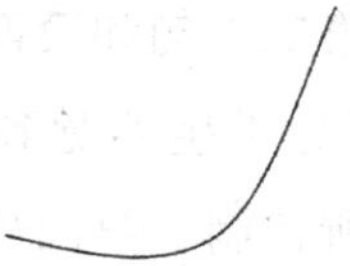

1=$^\flat$E $\frac{2}{4}$ 1 1 | 1 0 | $\underline{1\ 2}\ \underline{3\ 5}$ | 5 – |

第四乐句：

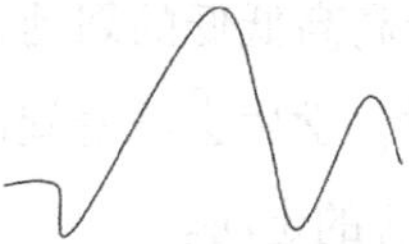

1=$^\flat$E $\frac{2}{4}$ 1 $\underline{1\ \underset{\cdot}{6}}$ | $\underline{1\ 5}$ 3 | $\underline{\underset{\cdot}{6}\ 1}\ \underline{2\ 3}$ | 1 – |

边玩边唱

尚世杰

【发现问题】

在音乐游戏中如何让学生提升乐感。

【分析原因】

没有更加深刻地体验到音乐带来的愉悦。

【解决策略】

1. 在学会歌曲《拍皮球》后，做个有趣的传球游戏。学生围成圆圈，面朝外坐下，每人手里持一个小皮球。播放《拍皮球》歌曲，随着音乐的节拍做传球的游戏。

2. 方式：在强拍上把球传到右手边一人的面前，接着在弱拍处拿起前一同学刚刚传过来的球。游戏随歌曲一直进行下去，直至歌曲结束。

【教学效果】

每个人都有过边玩边唱的经历，在这个过程中不知不觉就把歌曲牢牢地印在了心里。玩是天性，哼着歌玩，不知不觉中了解了更多的节奏和节拍，在玩玩唱唱中充分享受音乐的审美和愉悦。

变出一个“圆”

周亚辉

【发现问题】

一成不变的“插秧式”的座位排列，学生之间出现很多与课堂不和谐的小动作、小插曲。

【分析原因】

座位固定，伙伴之间太过熟悉，失去新鲜感。

【解决策略】

1. 带领学生们轻松地走进音乐教室，保持心情愉悦。

2. 学生任意在教室里选择一处站定。

3. 教师用手缓慢地在眼前画一个圆形，暗示学生在自己所处的位置上，跟全班同学合作变成一个大圆形。

4. 教师的手势与眼神，暗示学生在变圆的队形过程中要安静。

【教学效果】

默契与安静，在教学中是非常重要的一个要素，教师充满积极性的暗示，引导学生关注教学环境，主动创造良好的学习氛围。在教师的指令下，大家不知不觉地组合了一个新的上课座位排列方式。

创设情境欣赏音乐

尚世杰

【发现问题】

欣赏管弦乐曲《展览会上的图画》时，学生一遍一遍地听，参与的兴趣不浓厚，不能更好地体验音乐。

【分析问题】

不了解作品的背景，单纯地听音乐有些枯燥。

【解决策略】

1. 让学生了解乐曲的创作背景，作曲家创作的动机促使学生对管弦乐曲《展览会上的图画》产生期待。

2. 请两名学生扮演参观者跟着音乐的节拍漫步在“画廊”中，其余的同学扮作“画”，想象画中的情景造型，主题每出现一次，就变换一个造型。

【教学效果】

由于对创作背景有所了解，学生对故事主人公的情感也随之迁移到音乐作品中，从故事出发进入音乐，学生参与表演，加深对“漫步”主题的记忆。

打击乐器的加入让歌曲更有趣

奉泉芳

【发现问题】

反复演唱歌曲，学生越唱越没劲儿。

【分析原因】

兴趣减退。

【解决策略】

加入打击乐器。木琴可加入与歌唱同样的音高，以歌曲《大海》的第一乐句为例。如下：

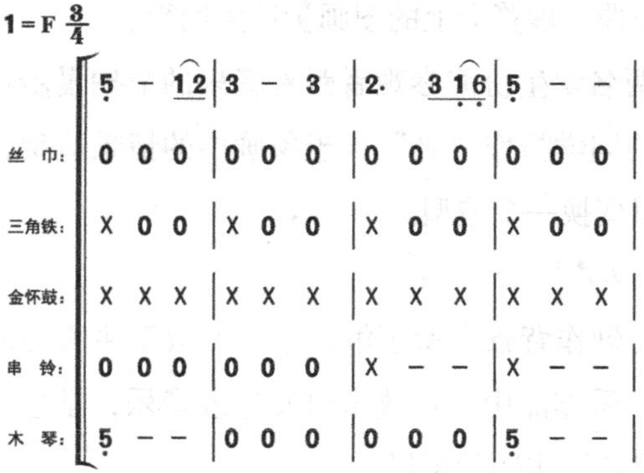

【教学效果】

学生在参与过程中享受合作的乐趣。

大附点节奏的体验

奉泉芳

【发现问题】

在演唱《国旗国旗真美丽》这首歌时，附点节奏唱不准。

【分析原因】

时值把握得不准确。

【解决策略】

画彩虹。第一小节大附点节奏从左到右画一条弧线，第二小节分别拍手两次。从肢体动作上感知节奏的不同。

【教学效果】

根据不同的节奏特点，设计动作，对学生体验音乐很有帮助。

大家一起玩节奏

陈 蕊

【发现问题】

四年级学生已经学过许多节奏型，但较少运用。

【分析原因】

缺乏节奏练习，导致学生对节奏型不够熟悉。

【解决策略】

1. 请同学们围成圆圈盘腿坐。

2. 抽出四年级上册练习中的一段旋律（图一），以固定节奏型为歌曲伴奏。

3. 不断重复旋律，每次循环到结尾，请一名同学起立，即兴创编两小节节奏，其他同学一起模仿，教师在黑板上写出大家拍出的节奏型。

4. 游戏升级：教师出示节奏小卡片（图二），大家一起唱旋律时，请一名学生用小卡片拼出两小节节奏，旋律循环到结尾，大家一起打出黑板上的两小节节奏。

【教学效果】

本环节可以不定期进行，旋律可以选用课本中的，也可以采用流行音乐片段，每次半课时或一课时。学生非常喜欢这样的游戏方式，节奏训练中学生的注意力需要高度集中，通过不断重复节奏型能够让学生基本达到“看到即打出”的效果，可以有效提高学生的节奏感知力。

附

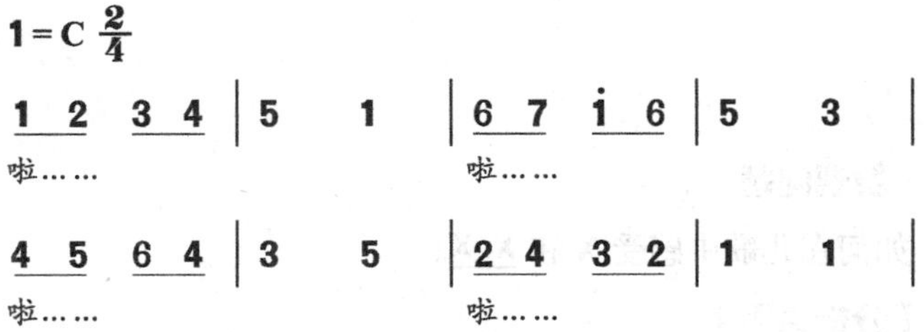

图一四年级上册中的一段旋律

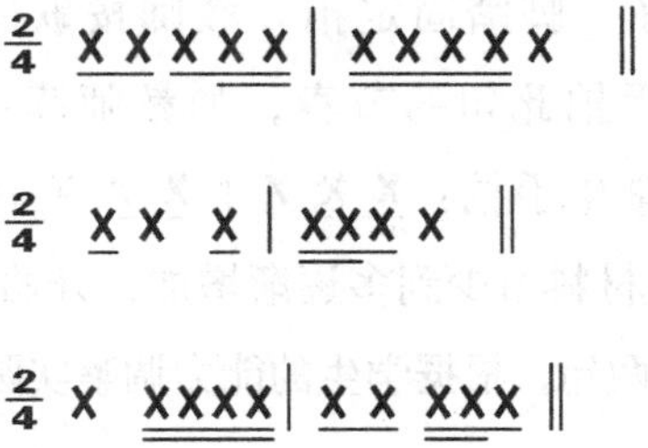

节奏小卡片

读读拍拍学节奏

尚世杰

【发现问题】

如何在儿歌中感受 X 和 <u>X X</u>。

【分析原因】

节奏要在音乐中才有意义。

【解决策略】

排排座坐好，脚踏固定拍。教师按歌曲节奏读儿歌，紧接着，学生手拍此句的节奏，如教师读：<u>小绳</u> 细 | <u>小绳</u> 长 |……，学生手拍：<u>X X</u> X | <u>X X</u> X |……在师生“接龙”的过程中，材料由少到多逐渐增加，开始可半句接龙，逐渐增加到一句、两句，根据学生的能力调整实际操作方式。

【教学效果】

用脚踏固定拍和手拍节奏结合的方式做声势练习，不知不觉体验到两个声部的巧妙配合。为了达到和谐音响的效果，学生会努力协调手脚动作，尤其要控制脚踏节拍的动作，不要与手拍节奏弄混。

分解难度拍一拍

周亚辉

【发现问题】

在为歌曲做“顽固节奏”伴奏的时候，节拍不稳。

【分析原因】

内心节拍感弱。

【解决策略】

1. 加入休止拍来稳定“顽固节奏”。

比如：X XX X X 可改成 X XX 0 X

2. 分割“顽固节奏”。

比如：X XX 0 X

（男生）（女生）

【教学效果】

难度降低后，学生接受快，主动去表现音乐，与同伴的合作越来越融洽。

感受三拍子

陈　思

【发现问题】

学生在演唱歌曲《美丽的朝霞》时，较难表现出三拍子的韵律美。

【分析原因】

对三拍子律动的体验较少。

【解决策略】

所有学生围成一个圆形坐下，教师准备一个球，在强拍时，拿球的学生将球传给右边的同学，其他学生也做同样的传球动作；弱拍时用手轻拍自己的大腿。学生在做律动时教师用鼓点拍出三拍子的强弱规律，使学生更准确地在强弱拍上做出相应的动作。待动作熟练以后，教师引导学生主动关注歌曲与律动的密切配合。

【教学效果】

用“传球”活动，来丰富学生对三拍子音乐的体验，感受歌曲的歌唱性。在动作反复中，强化三拍子的强弱规律，帮助学生在演唱时更注重音乐性的表达。

感知力度

杨　双

【发现问题】

如何让学生对力度这一音乐要素的感知更加敏感?

【分析原因】

频繁的说教，忽略了专注的体验。

【解决问题】

增强合作式的体验。把学生分为五个小组，在老师的指挥下，先由第一个小组拍| X　X　X X X |的节奏，重复演奏两次，然后加入第二小组再重复演奏两次，当五个小组依次不断地叠加进来，学生就会感受到力度从弱到强的变化。反之，体会从强到弱的变化。

【教学效果】

这是个非常有趣的音乐活动，在大家的配合参与下体验力度的变化，为今后的音乐表现做铺垫。

歌曲中的变换拍子可以这样设计

杨　双

【发现问题】

变换拍子出现在歌曲中学生很难找到，如何让学生既能体验到拍子的变化又能体验不同韵律的交叉美呢？

【分析原因】

变换拍子出现在歌曲中无规律。

【解决策略】

利用声势律动，根据节拍的强弱规律做不同的律动。例如歌曲中出现2/4拍和3/4拍两种拍号时，可以这样设计律动。出现2/4拍时，第一拍拍手（表示强拍），第二拍拍腿（表示弱拍）；出现3/4拍时，第一拍拍手（表示强拍），第二拍拍左肩（表示弱拍），第三拍拍右肩（表示弱拍）；同时在歌曲谱例上做不同的标记，“圆形”表示2/4拍、“三角形”表示3/4拍，看着不同的标记做不同的动作。熟练后还可以让学生根据节拍设计不同的律动，变着花样练习，学生根据自己设计的律动体验变换拍子，参与度更高，更有趣。例如歌曲《打起手鼓唱起歌》就可以用这样的方式教学。

【教学效果】

用声势律动体验拍号的变化，同时在歌曲谱例上做不同的标记，看着不同的标记做不同的动作。加深了对不同节拍强弱规律的概念认识，学生自己设计、参与，更容易区分歌曲中的变换拍子。

歌谣与节奏创编

尚世杰

【发现问题】

单纯的节奏创编，学生动力不足，效果也不好。

【分析原因】

脱离生活经验，缺少趣味。

【解决策略】

读歌谣，用不同的打击乐器模仿小动物的声音。2/4 小青 蛙 | 呱呱 叫 ‖: 呱 呱 | 呱呱 呱: ‖ 小花 狗 | 把尾摇 ‖: 摇摇 摇 | 摇摇 摇: ‖ 小花 猫 | 咪咪 笑 ‖: 喵 喵 | 喵 —: ‖ 反复记号处的语言节奏可即兴创编，比如：呱 0 | 呱—|、喵—| 喵—|、摇摇摇摇 摇 | 摇摇 摇 |，边说边拍手（腿），熟练后，此处的语言关闭，只拍手（腿），之后，再分别用响板等打击乐器替代拍手。

【教学效果】

运用人声、乐器声模仿自然界或生活中的声音，探索音的长短和节奏组合，这种让学生发挥想象力和思维潜能的音乐学习方式，很受学生喜欢。

歌与舞的对话

尚世杰

【发现问题】

歌曲《牧童之歌》节奏欢快，词曲朗朗上口，律动性强，学生在歌唱时身体不由自主地晃动，出现耸肩和喊唱等缺乏美感的现象。

【分析原因】

音乐本身非常富有感染力，学生希望充分释放情感。

【解决策略】

歌词的画面感很强，所以适合编创动作。

1. 分小组进行动作创编，不设小组长。

2. 一组展示动作，另一组同学配唱，歌唱的音量要有所控制，避免喊唱；其余同学做观察团，选出最佳“歌舞组合”。

【教学效果】

当学生有“动”的需求的时候，教师要及时提供机会，并且在歌唱技巧上适当指导，比如音量的控制。让学生在体验歌声美的同时，情感得到抒发。不设小组长，每个学生都会主动贡献自己的创意，不必等着被别人安排。

巩固碰铃演奏，预设三拍子知识

尚世杰

【发现问题】

《小蜻蜓》是三拍子歌曲，学生不易掌握它稳定的韵律，出现越唱越慢的现象。

【分析原因】

内心节拍感弱。

【解决策略】

准备碰铃一个。播放《小蜻蜓》歌曲，教师用碰铃在强拍上提示学生做向上飞的动作，熟练后取消碰铃，自己主动听音乐。向上飞的动作，动作幅度放小，突出蜻蜓“小”的特点，有助于学生完成动作与音乐的完美结合。还可以让学生用两手的食指在强拍上对碰，模仿碰铃演奏。

【教学效果】

在体态律动和乐器演奏中，用外显的方式体现三拍子的韵律，培养学生主动聆听音乐的好习惯，建立内心节拍感。

节奏接龙

尚世杰

【发现问题】

在固定节拍中不能完成X和XX的接龙组合的拍读。

【分析原因】

内心节奏感弱。

【解决策略】

排排座坐好，每人手中持一张由 x、x x 组成的两小节的节奏卡片，如 x x | x x x | x x | x x | x x x x | x x x |。教师在鼓上敲击固定节拍 x x，学生依次说出自己卡片上的节奏，如：走走 | 跑跑 走 |、走 走 | 走 走 |、跑跑 跑跑 | 跑跑 走 |。熟练之后再拍一拍，学生之间也可以交换卡片读读再拍拍。教师要提醒学生在等待中，内心要保持一种律动，这样才可以保证轮到自己拍读节奏的时候能够准确进入。

【教学效果】

培养良好的内心音乐听觉最好的方式就是积极主动地参与音乐实践活动，在亲身的感受与体验中，对音乐各种要素的感知和领悟就会逐步在内心积累下来。

借助教具表现音乐

陈贤军

【发现问题】

《溜冰圆舞曲》这首歌，学生在演唱第一圆舞曲的主题A和主题B时，风格不明显，缺乏圆舞曲的律动感。

【分析原因】

学生缺少圆舞曲音乐律动表现的美感。

【解决策略】

1. 主题A，这一主题流畅明丽、宽广平稳，使人联想到溜冰人们的优美舞姿，所以我让孩子运用丝带的飘逸来体验乐曲的韵律。

2. 主题B，运用八分音符强调节奏，使乐曲充满轻松活泼的情绪，所以我让加入响板来体验乐曲的节奏感。

【教学效果】

学生通过丝带和响板的加入，根据音乐风格特点的不同，自由地想象、创造、培养、表现第一圆舞曲的两个不同的主题风格，培养了学生理解音乐、表现音乐、创造音乐的能力。

力度的控制

陈贤军

【发现问题】

学生在表现音乐时出现力度过大和弱不下来的现象，如果学生不能准确控制力度变化，就不能准确表现音乐的情感。

【分析原因】

学生对渐强、减弱力度控制难以把握。

【解决策略】

渐强：

1. 老师示范，用打击乐器或者拍手从下往上拍节奏（X X X X X X X X），音量逐渐增强。随后请同学们模仿。

2. 学生分组合作：在同一个节奏型中，把全班分成四个大组，第一组先拍，第二组、第三组、第四组逐渐加进来。

减弱：

1. 老师示范，用打击乐器或者拍手从上往下拍节奏（X X X X X X X X），音量逐渐减弱，随后请同学们模仿。

2. 学生分组合作：在同一个节奏型中，把全班分成四个大组，四大组一起拍，然后第四组停下，剩下的三组接着拍，以此类推，直到最后一组。

【教学效果】

学生对声音的变化很敏感，在他们自己的尝试中体验声音的强弱变化，同时大家一起合作，培养团队凝聚力，课堂气氛活跃有序。在歌曲的应用中，也能举一反三地代入力度对音乐的表现力。

感受渐强渐弱

陈　思

【发现问题】

渐强渐弱的过程不明显，容易表现为突强突弱。

【分析原因】

学生对力度变化的控制把握不够好。

【解决策略】

根据声音提示找出“宝藏”：教师先选出一个寻宝人让他背对其他同学，然后将“宝藏”放到一个学生的口袋。寻宝人根据其他学生的掌上提示：当他越接近目标时，拍手的力度越来越强，反之就越来越弱。游戏结束后教师总结声音力度的变化，让学生了解认识渐强记号“<”和渐弱记号“>”。

【教学效果】

通过“寻宝”游戏，让学生深切体会渐强、渐弱的力度变化过程，再自如地运用到《火车跑得快》这首歌曲的演唱中。在演唱时教师要引导学生想象出火车进站和离开时画面感，从而更好地辅助学生表现出音量的起伏变化。

利用音乐书玩固定节奏

周亚辉

【发现问题】

节奏和节拍不能正确匹配。

【分析原因】

音乐经验少，无法理解节拍和节奏的内在关联。

【解决策略】

拿出一本音乐书，放在桌面上，音乐书有四个角，利用好这四个角做一些节拍游戏。例如：

1. 给每个书角编号。

2. 根据节拍数，给每个编号安插拍手数量，形成固定节奏型。

3. 实践，稳定节拍。

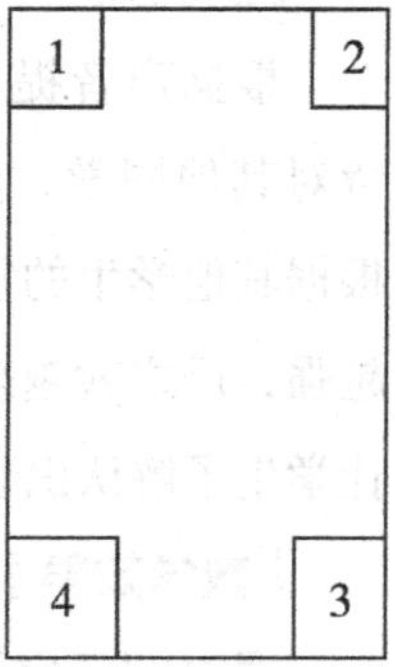

音乐书

【教学效果】

通过视觉、聆听及身体的协调性等方法的配合，达到稳定拍击的效果。

律动辅助把握歌曲风格

陈贤军

【发现问题】

学生在歌唱《阿里郎》时，节奏和音准都已经完成。但是对朝鲜民歌的风格特点把握得并不准确，可以借助身体律动进一步把握歌曲的演唱风格。

【分析原因】

缺少合理的体验方式。

【解决策略】

在学生学会歌词与旋律时，老师与学生相互配合。当学生在歌唱时为学生播放伴奏音乐，老师则跟着学生的歌声舞动起朝鲜舞蹈的特色动作。随后，请学生一起来模仿老师的舞蹈动作。

在这一过程中，学生能充分感受到朝鲜民歌的律动，而且能从老师头部的动作感受到三拍子“强弱弱”的节拍特点。

【教学效果】

学生与老师的互动让整个课堂形成了非常热烈的课堂氛围。学生在舞动中感受到朝鲜族民歌的风格和节拍的特点，感受了民族音乐的“美”。

附

朝鲜舞蹈

律动中促进合作

奉泉芳

【发现问题】

高年级的学生在音乐活动中提及舞蹈，有抵触情绪。

【分析原因】

心理上开始发生变化，处于青春发育期。

【解决策略】

找一段优美的三拍音乐，进行律动合作。跟随老师恒拍训练之后，在第一小节重拍的地方上前一步，与对面的同学击掌一次，弱拍拍肩两次；第二小节在重拍的地方与对面的同学击掌并后退一步，弱拍拍腿两次；以此类推。

【教学效果】

叠加、综合、交流、互动的体验，让青春期的孩子在放松的活动中，体会三拍子的舞蹈韵律，同时增强互动交流。

木鱼、碰铃和响板的演奏

尚世杰

【发现问题】

如何把简单的打击乐演奏得具有音乐性。

【分析原因】

单一的音色学生不易产生美感。

【解决策略】

准备若干木鱼、碰铃和响板，结合歌曲《小青蛙找家》做练习。从语言开始，逐渐过渡到动作，最后转换成打击乐。例如，唱《小青蛙找家》，在“跳”和“呱”处分别加入动作声势（拍手或拍腿），熟练后，再把此处的动作转换成打击乐器。“呱”“跳”处分别加入木鱼和响板，最后一句中的“呱”处加入碰铃的演奏。

【教学效果】

在音色对比中学会听辨音色，积累音乐要素的特质。

拍拍唱唱体会二拍子

潘彦瑾

【发现问题】

在演唱歌曲《猜花》时，速度时快时慢。

【分析原因】

节拍不稳定。

【解决策略】

教师读儿歌，学生做拍手游戏。

1. 两人一组面对面站立，相互对拍击掌，强拍时自拍，弱拍时对拍。

2. 熟练后，随着音乐找朋友，交换朋友互拍，直到节拍稳定为止。

【教学效果】

在师生互动中，学生自然而然地在教师的朗读中稳定了节拍，进而帮助学生在歌唱时稳定音乐节拍，充分享受美感。

拍拍手，填一填

周亚辉

【发现问题】

节拍不稳定。

【分析问题】

内心游离于音乐之外。

【解决策略】

1. 教师在黑板上以4/4拍画四个圆形。

如图：——　——　——　——

教师：每个圆形用拍手一次表示。

教师：拿掉其中一个圆形，补充一个新的拍手节奏进去。

教师：X　0　X　X

学生：X　$\underline{XX}$　X　X

2. 拿掉不同位置的圆，可持续玩法。

【教学效果】

精力集中，一起投入音乐的韵律中。

区分节奏和节拍

杨 双

【发现问题】

学生对节奏和节拍两个概念容易混淆，分不清楚什么是节奏，什么是节拍。

【分析原因】

没有直观感受，概念抽象。

【解决问题】

教师带领学生律动体验节奏和节拍，然后以2/4拍为例，提前画出一个模拟的小火车教具，车厢用小节线来表示。车头为2/4拍，根据拍号把节奏卡片分别放进对应的车厢里。车厢是固定的，不会改变，就像我们的节拍一样也是不变的。车头的拍号为2/4拍，说明每个车厢只能放2拍。但车厢里的节奏却可以改变，根据拍号可以放不同的节奏卡片。总结出节拍是不变的，节奏是可以改变的。

【教学效果】

用体验和形象的比喻帮助学生区分节拍和节奏两个抽象的概念，帮助学生区分两个易混淆的音乐要素。

认识时值

杨　双

【发现问题】

四分音符、二分音符和八分音符的时值关系把握不好。

【分析原因】

缺乏生动的体验方式。

【解决问题】

结合动物或生活中的声响进行时值体验。如：小鸭子用“gaga　gaga”表示；小牛用“mou—”表示；小闹钟“didadida　didadida”表示。再结合声音和形象创编一首“时值节奏”训练，把几个形象串起来。

“时值节奏”训练

【教学效果】

结合声音和形象把音乐知识串联起来，立刻让抽象的理论知识生动有趣，学生会在兴趣的驱使下不断地练习。这是一种水到渠成的学习方式。

认识新同学

尚世杰

【发现问题】

教师每接手一个新的班级，希望认识并了解每一个孩子。同样，每一个学生面对一位新的老师也都想得到老师的关注，如何用音乐的方式做此项活动?

【分析原因】

学生喜欢音乐课，愿意做最好的自己。

【解决策略】

学生围成圈或排成排坐好，用 X、X X节奏组合说拍自己的名字。教师手持鼓，敲击固定拍 X X | X X |，师生在节拍里做姓名问答，如：谁叫|刘芳|我叫|刘芳|谁叫|……熟练后，可进行“心说手拍”的练习——心里默念自己的姓名，同时，手拍出相应的姓名节奏，如：谁 叫| X X X |我叫 | X X X |谁 叫|……若个别学生没有接读（拍）上前一个学生的节奏，教师的鼓声仍要继续，等待并鼓励学生勇敢地说下去。

【教学效果】

简单的节奏游戏拉进了师生距离，在固定的音乐韵律中，同学们认真而有节奏地报出自己的姓名。当学生因没准备好或害羞胆小没有接上教师的节奏问句时，教师的耐心等待和不放弃的态度，不仅让他们觉得音乐是可以亲近的，而且还通过这个活动帮助学生树立了勇于表达的自信心。

认识音的长短

尚世杰

【发现问题】

音的长短的认知和表现，如何做到有趣又有效。

【分析原因】

学生需要有趣的活动形式，来帮助他靠近音乐。

【解决策略】

1. 准备：水龙头、毛线团、剪刀、木鱼和碰铃。

2. 学生模仿打开水龙头时的动作和“哗”的流水声，同时教师从毛线团中伴着“哗”的声音拉出一条线；水龙头关，教师用剪刀把毛线剪断，根据拧开水龙头的时间的长短，来确定剪断毛线的长度，然后把它们间隔着固定在黑板上。再请一名学生模仿水龙头没拧紧时滴水的声音，同时教师配合滴水声音的长短把从毛线团中抽出的线，剪成若干小段，固定在黑板上。

3. 尝试用木鱼和碰铃对照黑板上的毛线图谱，演奏长音和短音。

4. 教师根据图谱提炼节奏谱

如：$\frac{4}{4}$ X – X – | X X X – | X X X X | X – – – |

5. 学生模仿创编。

【教学效果】

教学形式生动活泼，吸引学生积极参与。关于长短音，学生在生活中经常接触到，但要跟音乐链接还需要一个合适的通道，恰恰毛线团和水龙头道具的使用，满足了学生的好奇心和想象力。从感性入手结合视觉体验长短音，将图谱提炼成音乐节奏谱再上升到节奏创编，这是一个完美地从感性迁移到理性的音乐学习过程。

身体律动感受歌曲的结构

陈贤军

【发现问题】

学生听辨歌曲《乡间的小路》的结构有一定难度。

【分析原因】

学生对音高、旋律、情绪等音乐基本素养不具备听辨能力。

【解决策略】

全体学生围成一个圆圈，教师带领学生律动。A段音乐逆时针随音乐踏步行走；B1段音乐抬手臂向圆心靠拢，B2段音乐落手臂放回原位；音乐再现，重复A部分动作，继续逆时针随音乐踏步行走。

【教学效果】

通过身体律动初步感受歌曲中的重复与对比，在体验中感受歌曲的结构，运用相同的动作感受的相同的旋律，不同的方位感受不同的音乐情绪，让学生在轻松愉悦的氛围中感受歌曲。

“十面埋伏”的课堂

尚世杰

【发现问题】

单纯地听琵琶曲《十面埋伏》，学生不感兴趣。

【分析原因】

历史离学生太遥远，曲风古老。

【解决策略】

结合校园生活，与列队出操的场景结合。听“列营”片段，请学生联想古代军队中的列营和我们学校日常活动中的哪个场景相似，大家立即想到出操集队的场景，“快静齐”的要求应该与士兵列营的要求雷同，于是，我们听着“列营”的音乐在教室门前列队。接着，大家反思排队过程中出现的问题，有的说吵，有的说不够积极和严肃，若是在古代列营时士兵们也是这样，就会暴露自己，给敌人偷袭的机会。于是，第二遍聆听音乐时，学生就会模仿士兵的样子，迅速排好了队伍。这时，再对音乐中的元素进行分析，这段音乐为什么会给人紧张、迅速的感觉。

【教学效果】

跟生活经验相联系，学生参与体验的积极性骤然提升，尤其是让学生轻松地理解了音乐要素的变化对音乐情绪的影响。

手的舞步

尚世杰

【发现问题】

聆听《杜鹃圆舞曲》的第二圆舞曲，学跳三拍子舞步，教室空间小，大班额人数多，学生滥竽充数现象严重。

【分析原因】

三拍子基本舞步：左脚上步，原地踏步两次，右脚退步，原地再踏步两次，口读节拍“一二三，一二三”。这个看似简单的舞步，由于学生肢体协调性的差异较大，在集体教学中会产生脚步踩踏和身体碰撞。

【解决策略】

双腿并拢坐端正，用双手代替双脚在大腿上把舞步的路线练熟，再转移到脚的舞步。

【教学效果】

降低了难度，提高了学习质量，提升了对音乐美的表达。

附

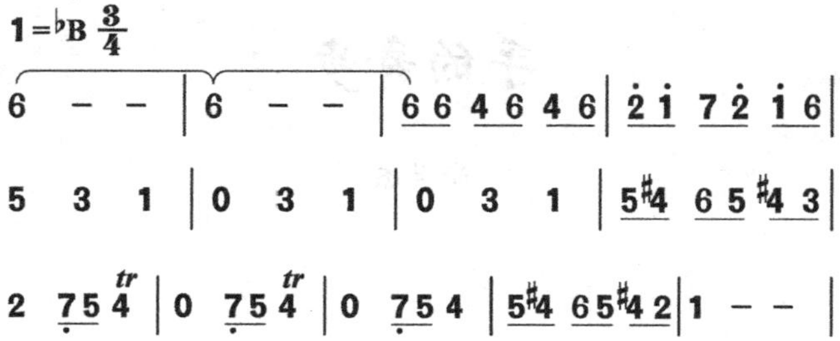

手脚配合感受大切分节奏

杨　双

【发现问题】

大切分节奏型对于学生来说是比较难掌握的节奏，容易出现时值掌握的不准确、不肯定的问题。

【分析原因】

概念抽象，不清楚大切分的时值。

【解决问题】

手脚配合感受大切分节奏。例如《拉起手》这首歌曲的A段旋律，每隔几小节就会出现一个大切分节奏型，以歌曲中的第一句为例，对应的律动节奏设计为“X 0 | X 0 | $\underline{X}$ X $\underline{X}$ | 0 0 | X 0 | X 0 | $\underline{X}$ X $\underline{X}$ | 0 0 |”教师引导学生用手和脚配合来完成动作，前两小节踏脚，大切分的地方拍手。在聆听、体验的过程中感受大切分节奏型。

【教学效果】

通过反复的聆听、体验，学生在不知不觉中熟悉了旋律并解决了大切分节奏型的问题，使学唱整首歌曲变得容易。

四拍子固定音型的练习

尚世杰

【发现问题】

歌唱或做音乐活动时节拍不稳定。

【分析原因】

对音乐节拍的韵律不够敏感。

【解决策略】

1. 在黑板上画一个三角形，用嗓音创造出一种声音，如叮—。

2. 开始和停止的反应练习，可以由教师用动作表示。如手心向上表示开始，手掌立起手心向前，表示停止。（提示：这种以动作示意的起止要求学生从一开始就建立起一种良好的反应习惯，学生两眼关注教师的动作，是最重要的准备。）

3. 跟着老师的指挥按4拍子的拍律练习节奏。

在黑板上画四个三角形，代表四拍，如△ △ △ △。

在练习中，教师即兴擦掉其中一个或两个，强调内心的节拍感。

4. 分成三组。

第一组：（手）X　X　X　X

第二组：（指）O　O　X　X

第三组：（腿）X　O　O　O

5. 同时演奏三个声部，这中间也可以去掉某个声部，甚至减至一个声部，又逐渐增加。

6. 还可以替换成打击乐器来演奏。

第一组：（木质）X　X　X　X

第二组：（散响）O　O　X　X

第三组：（铁质）X　O　O　O

7. 选一首四拍子歌曲，用上面的配器和伴奏型来做伴奏，不建议从头至尾演奏同一个节奏型，可以分句分组交替演奏，由教师或能力强的学生做指挥。

【教学效果】

有层次的递进式的学习方式，不易让学生产生疲劳，因为总是能带给他们有新鲜的又跟他们学习经验相关的东西。三种乐器，三种音色，节奏型的设计既有合奏又有音色的对比补充。分组分句地演奏，可以避免使学生产生音响审美疲劳而失去专注力，会让学生更加关注指挥，培养对音乐节拍的敏感度。

提升注意力的唱谱游戏

陈　菡

【发现问题】

学生唱简谱的兴致不高，在教学中希望学生能够在识谱唱谱的能力上有所提升。

【分析原因】

对简谱熟悉度不够，识谱较慢导致不愿开口。

【解决策略】

先由慢速唱谱，转而加速；学生能够背谱演唱后，再难度增加：

1. 只唱单数小节，跳过双数小节；

2. 只唱双数小节，跳过单数小节；

3. 只唱强拍、次强拍；

4. 只唱弱拍。

【教学效果】

这样的唱谱练习学生觉得很有挑战性，十分感兴趣，会主动要求加大难度，跳小节、跳节拍进行演唱，很好地锻炼了学生的反应力，注意力高度集中。这一方法还可以用于课本中的其他歌曲中，效果很好，学生也能够从中了解到重拍上出现的多为主和弦的音高，有利于学习区分大小调。

通过动作感知音乐的美

尚世杰

【发现问题】

格里格的《清晨》，主题旋律很美，就像讲述一段美妙的故事，需要给学生一个媒介让其充分感知和体验。

【分析原因】

学生很容易被好听的音乐感动，只是无从表达。

【解决策略】

学生分四组，分乐句用动作表现。每人想象一个“万物复苏”的动作，根据乐句的进行，在教师的指挥下，引导学生和着音乐做优美舒缓的动作。

【教学效果】

用动作表达内心对音乐产生的愉悦，是体验音乐非常重要的方式，在充分聆听音乐作品的同时，理解音乐的感性特征与精神内涵。

玩节奏

尚世杰

【发现问题】

各音符间的时值关系把握不好。

【分析原因】

内心的基本节拍不稳定，缺少节奏打击练习的经验。

【解决策略】

以《西风的话》为例，找出构成歌曲的主要节奏型以每一拍为一个单元格，把节奏“装”在格子里。

节奏“装”在格子里

X	X	X X	X X
X	—	X X	—
X	X	X X	X X
X	—	—	—

练习方式：

1. 拍读。按顺序、颠倒顺序或者按任意顺序拍读。

2. 合乐。播放《西风的话》，跟着歌曲拍奏。

3. 配器。X（梆子）X X（卡巴撒）X—（碰钟）。

【教学效果】

以单元格的形式划分节拍，直观形象地让学生理解了音符之间的时值关系，而且还可以产生多种多样的学习方法，比如聆听、模仿、创作等。在配器环节，同学们的初始演奏并不完美，不过没关系，这正好让大家一同经历了思考、探索、实践、修正，再到完美的过程。本来是一条简单的节奏，同学们通过搜寻体现在节奏中的新感觉，主动产生对新感觉的创造，同时，再把这种新感觉与大家分享。这是一种创造性体验，也是审美体验。

稳定节拍和创编节奏的练习

杨　双

【发现问题】

节拍和节奏在音乐中是非常重要的两个音乐要素，但学生对稳定节拍和创编节奏的掌握度不高。

【分析原因】

节拍节奏训练枯燥无味。

【解决问题】

学生围成圆圈坐好，教师提前准备好音乐和一个皮球，播放一首2拍子音乐，学生根据音乐的节拍依次传给右边的学生，每小节传一次。音乐结束时皮球停留在哪名学生的手里，就由这名学生即兴创编一条两小节的节奏，其他同学进行节奏模仿。（教师可以把学生创作的节奏写在黑板上）节奏模仿结束后教师再播放音乐进行传球游戏，反复练习稳定节拍和创编节奏的训练。

【教学效果】

集体参与，在传球游戏中进行节拍和节奏的训练，既稳定了节拍也增加了学生对节奏创编的兴趣。

音乐活动花样多

陈　菡

【发现问题】

随着时代的发展和各种网络通信软件的盛行，学生们可以轻易接触到各种各样的音乐，也有各自喜欢的音乐风格，课本上的歌曲往往很难满足学生们的需求，学习主动性不够强。

【分析原因】

学生接触外界音乐较多，觉得教材中的歌曲“不流行”。

【解决策略】

1. 在不影响教学进度的情况下，小组轮流在课前（课后）分享一首好听的歌曲，每月学生们投票选出一首“班级之声”，在课堂上进行教学。

2. 学期中段进行“我是歌王”比赛，报名参赛的学生可以自选歌曲进行演唱，评选出最佳选手进行奖励。

3. 歌词改编：学生选出课本中最喜欢的歌曲，将歌词改编成为适合本班的班歌。

【教学效果】

让学生走近音乐，走进音乐，爱上音乐。把音乐的选择权交给学生，教师加以适当的引导，让学生在音乐的海洋里不会迷失方向。学生十分喜欢改编歌词，每个班选出的歌曲不同，改编的歌词也不尽相同，学生唱起来都是满满的自豪感。

附

快乐的四（1）

（改编自快乐的铁匠）

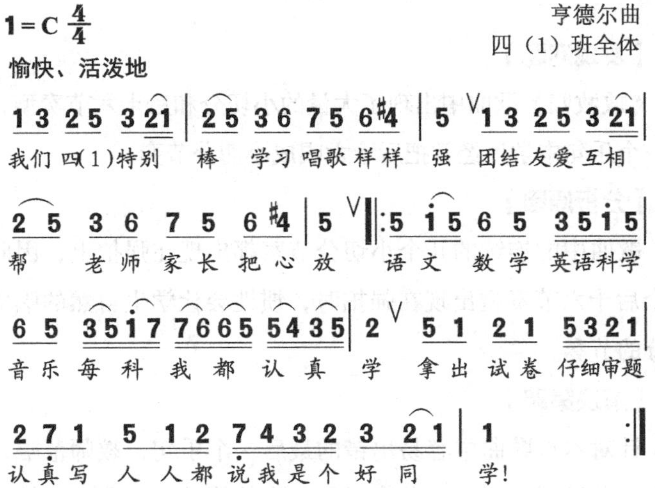

改编后的班歌

用声势律动感知后十六节奏

杨 双

【发现问题】

《放牧归》歌曲中出现了大量的小切分和后十六节奏型，最后一个乐句中学生经常把后十六唱成小切分节奏。

【分析原因】

歌曲中的连续的几个小切分节奏都出现在强拍上，因此当一个后十六节奏型出现在强拍时，惯性会让学生自然的唱成小切分的节奏。

【解决策略】

针对本首歌曲中容易出错的最后一个乐句，教师范唱，在演唱“牧歌里”后十六节奏时加入声势律动。八分音符拍手，十六分音符拍腿，用拍手拍腿演奏后十六节奏。然后请学生模仿，边唱边做后十六节奏律动，反复练习。

【教学效果】

加入声势律动可以帮助学生更好地掌握后十六节奏型，同时也加深了学生对后十六节奏的印象，演唱时不再与小切分节奏混淆。

有趣的乐器伴奏

古莉莉

【发现问题】

《小星星》这首歌曲的乐器伴奏采用单一节奏型的大齐奏形式，学生从头演奏到尾，欢乐有余，状态却有些麻木。

【分析原因】

伴奏型单一，没有色彩的变化。

【解决策略】

1. 乐器伴奏要有层次，禁忌大齐奏方式，而且这种方式还无效，没有和声。用代入法，把最终想要的效果提前完成，再巩固练习。如谱例：

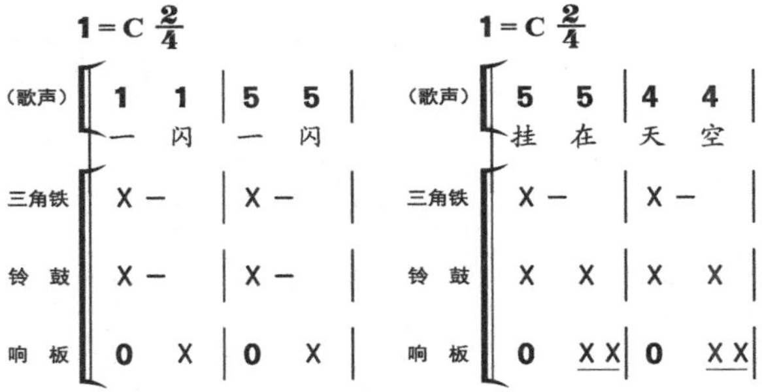

谱例

2. 将学生分成三组：三角铁组、铃鼓组、响板组。教师用三角铁敲节拍导入，强拍进入，等三角铁熟悉后再进入铃鼓，提示学生铃鼓和三角铁都是强拍进入，当这两种乐器合作熟练后，再进入响板的演奏。

【教学效果】

利用这种方法，和声效果明显，相信学生是可以做到的。分组演奏、层层递进的方式降低了学习难度，提升了学习效果，学生表现得很自信。

有趣的三拍子律动

陈 思

【发现问题】

低年段学生对三拍子的韵律感掌握得不熟练，节拍感不够稳定，强弱规律把握得不明确。

【分析原因】

体验的形式单一。

【解决策略】

1. 全班围成一个圆圈，学生聆听音乐有韵律地朝同一方向踏步，在每个乐句的开始换一次方向，共换四次（如图1）。

2. 熟练后，变成里外两个圆圈，朝着相同的方向有韵律地踏步，每个乐句的第一个强拍击掌，并转换方向，两个圆同时同向进行（如图2）。

3. 两个圆圈朝着相反的方向有韵律地踏步，每个乐句的第一个强拍击掌，并转换方向，两个圆同时逆向进行（如图3）。

【教学效果】

通过有节拍的踏步、拍手动作，让学生将外部身体动作与内部心里的节拍结合，丰富了对三拍子音乐的体验。通过队形的不断变换，给学生带来了很多不同的体验和惊喜。

附

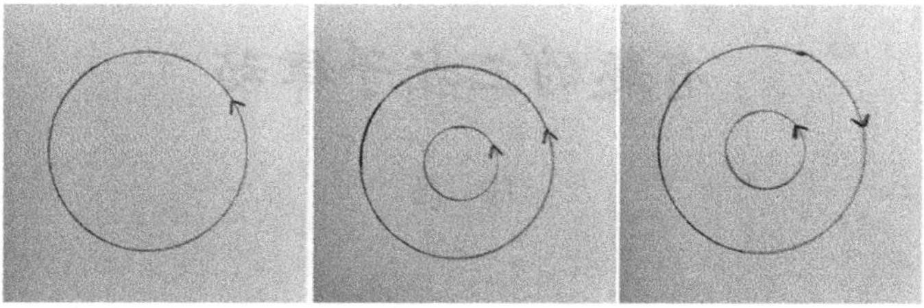

运用律动和教具感受音乐的速度

陈贤军

【发现问题】

体会音乐速度时，学生不能静静聆听。

【分析原因】

缺乏趣味性、体验性和表现性。

【解决策略】

1. 听辨《月光光》和《新春乐》，用身体律动感受音乐的速度。

《月光光》：带着学生围成一圈，脚踩节拍一步一拍，双手向上慢慢托起，慢慢放下，一个小节向上，一个小节向下。队形可以顺时针、逆时针、面向圆心、背向圆心。用慢速度的动作，感受歌曲的情绪和意境。

《新春乐》：借用道具——飘带或者绸子。带着学生用跑跳步，双手甩起飘带或者绸子，跳起欢快的秧歌，感受快节奏带来的喜悦感。

2. 欣赏《森吉德玛》主题音乐，借用道具飘带和节奏棒。

主题一：甩动飘带表现速度慢的音乐，可以向上甩，也可以画圈甩，感受草原的辽阔。

主题二：用节奏棒模仿马儿在草原驰骋的踢踏声，感受马儿在草原奔驰的欢快，与前面慢节奏的主题一形成鲜明的对比。

【教学效果】

用直观的身体律动，表现音乐的速度，学生在律动和表现过程中增强了体验性、趣味性，在活动中提高了学生的音乐素养。

运用音乐戏剧的方式表现音乐

陈贤军

【发现问题】

《左手和右手》歌曲简单，学生唱几遍就没兴趣了。

【分析原因】

一年级学生活泼好动，善于表现，但是表现方式单一。

【解决策略】

教师戴上两种颜色的手套，躲在桌子的后面，只露出两只手，结合歌词的描述，做“我”的左手和右手之间发生的有趣的故事表演，运用音乐戏剧的方式表现歌曲。

【教学效果】

师生结合歌词，表演了《左手和右手》之间发生的有趣的故事，营造了轻松活泼的课堂氛围，吸引了学生的注意力，激发了学习兴趣，同时提高了学生的音乐表现力和想象力。教育学生认识到在生活中自己的左手和右手必须团结合作才能做好每一件事情，要爱护自己的左手和右手。

在拍手游戏中学会大切分

古莉莉

【发现问题】

在学唱歌曲《土风舞》时，学生在大切分的地方唱得不够自如。

【分析原因】

把切分音与音乐整体割裂开，不易找到韵律感。

【解决策略】

完整聆听歌曲，学生跟随教师在切分音处有节奏地拍手，再转换成打击乐。

【教学效果】

通过拍手游戏，激发学生参与音乐的兴趣，让学生在拍击切分节奏中体会歌曲的完整性，同时，让学生在完整的歌曲中感受切分音的特点。

在自然行走中认识 X 和 $\underline{X\ X}$

尚世杰

【发现问题】

在固定节拍中，如何感受 X 和 $\underline{X\ X}$。

【分析原因】

学生容易把节奏的疏密跟速度的快慢弄混。

【解决策略】

学生围成圆圈，教师站在中间。教师清唱一首二拍子歌曲，并用鼓敲击固定节奏 X X 为第一乐句伴奏，学生踩着 X X 的节奏行进；第二乐句教师在鼓上换成固定节拍 $\underline{X\ X}$ $\underline{X\ X}$，学生也换成 $\underline{X\ X}$ $\underline{X\ X}$ 的节奏步伐行进。教师可变换其他的固定节奏型，如 $\underline{X\ X}$ X、X $\underline{X\ X}$，学生靠听辨鼓的节奏变换行进步伐。

【教学效果】

走步人人都会，既没负担，又可体验音乐的丰富性。教师演唱歌曲时节拍的稳定感非常重要，在此基础上鼓的节奏变化，让学生自然地体会在稳定拍律下节奏进行多种变化的美妙感。

自制小乐器欢乐多

陈　蕊

【发现问题】

课堂中学生都希望能够在加入乐器伴奏的环节中拿到乐器，但学校的小乐器配备有限，时常出现乐器分配不足的情况。

【分析原因】

学生普遍希望能够使用小乐器进行伴奏。

【解决策略】

教学中让学生参与制作简易小乐器。例如：将洗净晾干的矿泉水瓶中装入细沙或小粒豆子，就制成了简易的小沙锤；将废弃的纸巾筒穿孔后固定两圈小铃铛，就可制成小串铃；准备好小棍子、绳子和铁制奶粉盖，将盖子穿一至两个小孔，用绳子绑住盖子和小棍，就制成了简易的锣。

【教学效果】

根据教学需要不定期进行小乐器的制作，既增强了学生的动手能力，又解决了学校乐器不足的问题，学生十分喜欢自己制作的小乐器，方便携带的同时又能够根据自己的喜好进行二次加工（涂色、绘画、粘贴图案等），收到了很好的教学效果。

附

自制小乐器

走走停停建立空间感

尚世杰

【发现问题】

在地面开展开放性活动时，学生容易挤在一起。

【分析原因】

对环境不熟悉，紧张。

【解决策略】

将学生分成若干小组，充分利用教室空间，听着教师的琴声行走。

1. 教师选一段小曲，在钢琴上进行变速弹奏，音乐速度快，学生的脚步也快；速度慢，脚步也慢；音乐停，脚步也停。

2. 不要局限学生行走的路线，引导学生轻松、自信、从容地听着音乐走，做到同学间不碰撞。

【教学效果】

学生通过在音乐中运动来感知空间方位，来感知人和事物之间的空间和距离关系。

教无定势 学无定法

潘彦瑾

【发现问题】

在学习二年级《恰利利恰利》这首歌时，学生唱的是很起劲儿，但艺术表现力不够自然。

【分析原因】

演唱方式太拘谨。

【解决策略】

边走边唱。唱歌时一个学生情不自禁地站起来边走边唱，这一举动给了我一个有益的启示，我随即请他为歌曲创编动作来表现歌曲并带领同学们一起表演；于是，我们把教室当成田野，在教室内边走、边游、边唱。

【教学效果】

关注学生的表现，合理利用学生资源。二年级的孩子模仿能力很强，在那位“小编导”的带动下，原来沉闷的课堂变得充满生机，同学们的参与度很高，而且加上动作的配合后，歌声里充满了生命力。

节奏copy教学运用

陈贤军

【发现问题】

在《小鼓响咚咚》的教学过程中，部分学生对歌曲中常用节奏把握不准确。

【分析原因】

学生缺乏内心稳定的节奏感。

【解决策略】

1. 老师利用课前游戏，激发学生的学习兴趣。如，教师可用歌曲中的节奏型进行导入。

2. 请学生用音乐的方式介绍自己：两字名字的学生直接模仿老师进行传话，三字或四字名字的学生就只说自己名字的后两个字。组织学生围坐成一个圈，老师敲打恒拍，由老师发问，然后一个学生一个学生传问下去。

【教学效果】

老师利用课前游戏，激发学生的学习兴趣，营造浓厚的课堂氛围，凸显音乐学科的特色。使得学生在游戏中训练了恒拍，潜移默化的记住了歌曲中的主要节奏，更充分的感受了节拍的律动特点。

附

$\frac{3}{4}$ 师：你的 名 字 | 叫什 么 — |

我的 名 字 | 叫黄 帆 — |

$\frac{3}{4}$ 生：我的 名 字 | 叫X X — |

"你的 名 字 | 叫什 么 — |

用音乐的形式自我介绍

第四章

欣赏聆听

变奏的乐趣

尚世杰

【发现问题】

欣赏钢琴曲《乒乓变奏曲》，对变奏的概念模糊。

【分析原因】

对变奏的方式缺少亲身体验。

【解决策略】

熟练地歌唱主题，并与教师分句对话演唱。在此基础上教师开始变奏歌唱，学生也在这样的形式中自然过渡到变奏的体验。学生在模仿教师之后，也可以尝试做自己的变奏，开展个别与集体的对话。原曲：1= F 4/4 3 3 1 1 2 2 6 | 1 5 1 3 2 1 2 |

例1：1 = F 4/4 师：3333 1111 2222 6 | 生：1155 1133 2211 2 |

例2：1 = F 4/4 师：333 111 222 6 | 生：115 113 221 2 |

例3：1 = F 4/4 师：3· 3 1· 1 2· 2 6 | 生：1· 5 1· 3 2· 1 2 |

师生分句演唱变奏曲

【教学效果】

学生从模仿到好奇，从好奇到探究，从探究到创造，从创造到表现，都源于教师为学生搭建了一个安全的创造平台——先从模仿教师入手→教师对变奏的创造→全班对变奏的创造→个体对于变奏的创造→个体分享→全班模仿。通过教师的示范以及同伴效应，大家获得了创作的灵感和勇气，并通过分享让创造变得更加有趣和富有音乐性。

彩色的音乐

陈　思

【发现问题】

学生对《法郎多尔舞曲》大小调区分不敏锐。

【分析原因】

学生在理论上对大小调的认识不清晰，在音乐色彩性方面认识较少。

【解决策略】

教师提前准备红、黄、橙色三种颜色的卡片，学生听辨不同的音乐主题谈感受，并用他们认为合适的色彩代替两个音乐主题（主题一：红色、大调、气氛庄重的，主题二：黄色、小调、欢快活跃的）。在乐曲高潮部分主题交替轮奏或重叠演奏时，用橙色代替。

【教学效果】

音乐和颜色，都是能够表达情绪和美的元素。通过色彩与音乐的结合，使学生的视觉系统与听觉系统产生联觉。学生可以很快根据乐器的音色、力度等音乐元素发挥他们的想象力，根据对音乐的理解，快速对应出视觉上的色彩感。让他们在聆听音乐的过程中主动思考，同时轻松地将乐曲的大小调区分出来。

附

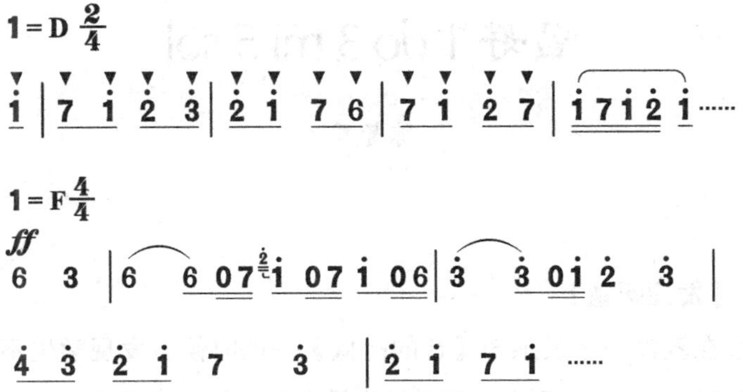

《法郎多尔舞曲》大小调

唱好 1 do 3 mi 5 sol

陈贤军

【发现问题】

在教授一年级感知《音的高低》一课时候，发现学生不跟琴唱时1、3、5唱不准。如果学生没有良好的音高概念，在今后的歌唱和演奏中，会影响学生对音乐美的体验和表现。

【分析原因】

学生没有音高概念，还未建立音程关系。

【解决策略】

1. 三个人一组，身高从矮到高，并戴上手号帽子，角色扮演。

2. 青蛙跳，青蛙跳，青蛙跳在哪个钢琴键上呢？老师的手指在1、3、5三个琴键上跳来跳去，最后停落到哪个音上，哪个音就蹲下，让孩子学会聆听。

【教学效果】

学生游戏的过程中，通过听觉与视觉的感受来体验音的高低，建立音高概念，游戏可以增强学习的主动性。运用游戏的方式让学生感受音的高低，课堂氛围活跃，增加了课堂的趣味性。

唱好 3 mi 5 sol 6 la

陈贤军

【发现问题】

一年级学生正是建立音高概念的关键时候，如何让学生都能积极参与，有趣、有效的学习音高，值得思索。

【分析问题】

如果机械的练习音高学生会感觉无趣，如果借助身体律动，运用体验的方式感知音高，则会增加学习的趣味性。

【解决策略】

1. 让学生跟老师做律动。（老师从下往上在身体上拍出3、5、6三个音的位置，学生模仿。）

2. 待学生熟悉身体位置与音高位置后，教师唱旋律，学生接敲音条的三个音3、5、6。

3. 集体演唱全曲，在敲音条的位置继续做律动，稳定音高，建立音高概念。

4. 创编：学生对3、5、6三个音的音高概念建立以后，请学生随意做身体律动创编，另外一部分学生模唱旋律；也可以部分学生唱旋律，另外的学生在身体上演示出来。

【教学效果】

借助体态律动是非常有效方法，让学生从听觉、视觉、动觉全面体验，在活动中感知，在感知中铭记，在铭记中升华。

动作辅助感知音的长短

陈贤军

【发现问题】

在教授一年级感知《音的长短》一课时，发现学生拍打、模唱短音和长音时出现节奏不稳定，有抢拍和拖拍的现象。

【分析原因】

学生没有良好的内心节奏感。

【解决策略】

1. 短音，用弹舌表现，模仿短促有力的敲门声，增强趣味性，同时培养学生认真聆听的习惯。

2. 长音，两名小朋友热情握手，一个长音之后再换一名小朋友握手。

【教学效果】

学生通过身体律动，感受音的长短，建立节奏概念，通过聆听、体验、合作，培养学生的聆听习惯及合作意识，增强学习的主动性，运用游戏的方式让学生感受音的长短，课堂氛围活跃，增加了课堂的趣味性，同时也激起了学生的学习兴趣。

附

场景音乐

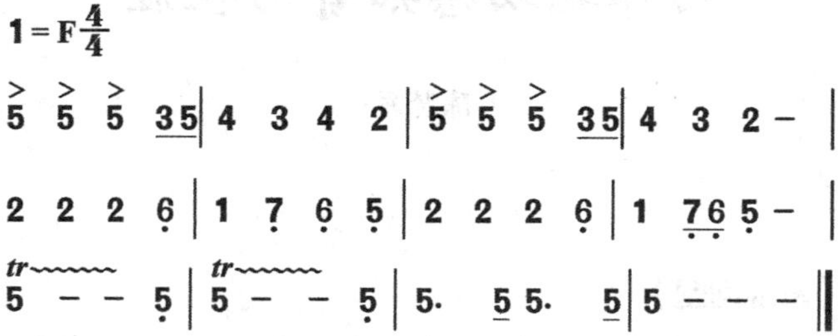

感受下行旋律的情感色彩

奉泉芳

【发现问题】

演唱《小白菜》时情感表达不充分。

【分析原因】

缺少对旋律走向的认知。

【解决策略】

画旋律线。如下图：

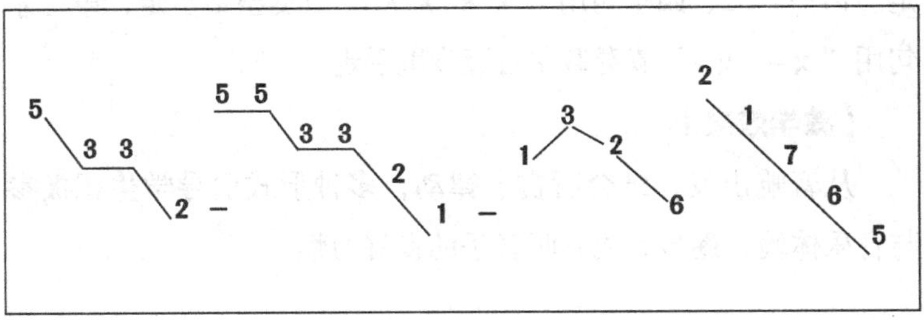

旋律线

【教学效果】

旋律线可以很直观的看到歌曲旋律的由高音到低音的走向，音高递次下降。引发学生内心情感的共鸣，提升艺术审美能力以及演唱时的情感表达。

感受音乐速度

奉泉芳

【发现问题】

歌曲《向前走》第三乐句中的二分音符唱不准。

【分析原因】

四分音符与二分音符的时值关系掌握不好。

【解决策略】

听音乐进行律动。音乐快——快步走；音乐慢——慢步走。第一、二、四乐句用“X X X X ”节奏型踏步走，第三乐句用“X- X-”节奏型左右迈步甩手走。

【教学效果】

从音响出发，结合听赏、律动，多种形式引导学生积极参与音乐体验，逐步养成聆听音乐的良好习惯。

感知旋律中的力度记号

陈　菡

【发现问题】

花城版教材二年级下册第10课《哎呀！玛利亚丢了宝石花》教学的B部分旋律有较多的力度记号，而学生不易把握好力度的变化。

【分析原因】

学生对力度的控制能力不强。

【解决策略】

1. 跟老师一起在律动中感受旋律的力度变化，f记号的地方站立高举双手做动作，p记号的地方蹲下双手缩回做动作，渐强记号部分由下蹲动作逐渐向上站立，双手逐渐伸高做动作。

2. 用鼓声敲击出强、弱、渐强的力度，在演唱过程中用鼓声根据歌曲的力度变化进行伴奏。

3. 请学生在演唱中用双手击拍做出力度变化，起提示作用。

【教学效果】

《哎呀！玛利亚丢了宝石花》B部分唱段力度变化较多，用律动、击鼓伴奏、双手击拍的方式进行反复练习，学生在不断的体验感受中逐渐强化认知，熟悉段落，甚至背唱段落。最终在唱准B部分旋律的同时做到强、弱、渐强的对比，更好地体现和体验歌曲的趣味性。

视觉流动辅助听觉输入

尚世杰

【发现问题】

歌曲《学我做》第三、第四乐句的前半乐句是相同的，在接唱后半乐句时容易混淆，常把第四乐句唱成第三乐句的重复。

【分析原因】

对旋律的行进方向不够肯定。

【解决策略】

采用图谱感知的形式

第三乐句的后半句：

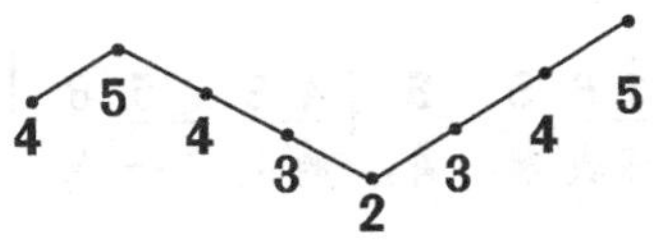

第四乐句的后半句：

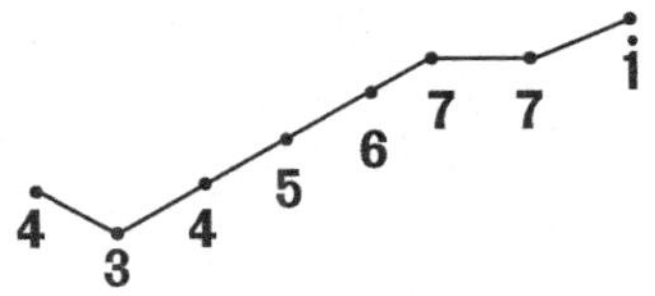

【教学效果】

在音乐行进过程中感知旋律的线条和音高位置，在演唱时唤起本能的演唱欲，这一设计能帮助学生更好、更快地学好、唱好。

附

学我做

1＝C $\frac{3}{4}$

中速、愉快地

佚　名　曲
袁经榈填词

（老师）	（学生）	（老师）	（学生）
1 3 5 5	1 3 5 5	4 5 4 3 2	4 5 4 3 2
学我拍手，	学我拍手，	劈啪劈啪劈，	劈啪劈啪劈。
学我打鼓，	学我打鼓，	咚咚咚咚咚，	咚咚咚咚咚。
（老师）	（学生）	（老师）	（学生）
7̣ 1 2 2	7̣ 1 2 2	5 6 5 4 3	5 6 5 4 3
学我唱歌，	学我唱歌，	sol la sol fa mi，	sol la sol fa mi。
学我指挥，	学我指挥，	一 二 三，	一 二 三。
（合）			
1̇ 7 6 6	1̇ 6 5 5	4 5 4 3 2	3 4 5 －
跟我跳舞，	跟我跳舞，	脚尖点一点	转个圈。
1̇ 7 6 6	1̇ 6 5 5	4 3 4 5 6	7 7 1̇ － ‖
跟我跳舞，	跟我跳舞，	脚尖点一点	转个圈。

数字符号教学法

陈贤军

【发现问题】

学生学唱或者欣赏中国古典音乐，由于音乐历史久远，具有年代感，学生很难走进、理解和表现音乐的意境和美感。

【分析原因】

学生自身音乐素养积累较少，没有有效的途径让学生能轻松走进音乐和表现音乐。

【解决策略】

以歌曲《花非花》为例，教授数字符号律动。运用1、2、3、5、6五个数字，让学生运用身体律动表现音乐，同时数字与呼吸一起更换，让学生很轻松地理解歌曲的意境和美感。

【教学效果】

学生划数字的过程中，通过划数字来感受歌曲的歌唱性和乐句的段落感，借助数字符号，孩子们的歌声更加绵延优美了。在活跃课堂氛围的同时，增加了课堂的趣味性，同时也激起了学生的学习兴趣。

附

花 非 花

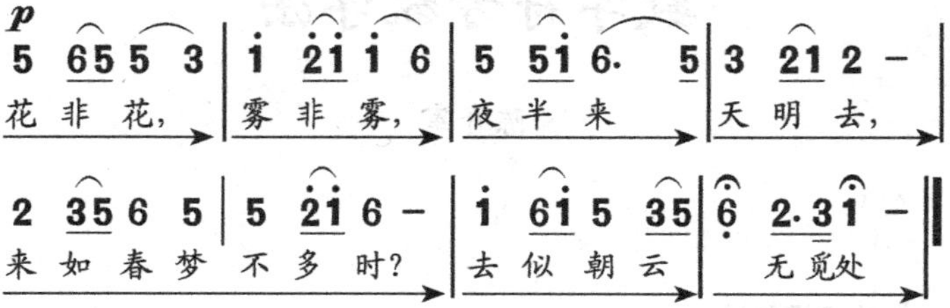

填充动作辅助聆听

尚世杰

【发现问题】

一首新的歌曲，学生要么听很多遍才能学会，枯燥又无趣；要么分句学唱，把歌曲切割得支离破碎。

【分析原因】

教师对教授歌曲，缺乏整体感的把握。

【解决策略】

1=C $\frac{2}{4}$ 1 2 3 4 | 5 5 | 6 6 4 | 5 – | 1 2 3 4 | 5 5 | 4 3 2 | 1 – ‖

以上面旋律为例。学生随着教师的歌唱踏步。第一遍教师范唱整首旋律，同时在长音处拍手一次。第二遍还是教师范唱，请学生在长音处拍手。若学生较多，可分成两个组，一组是踏步组，另一组是拍手组。

【教学效果】

变着花样引导学生聆听，学生既对歌曲有了整体的认知，又提高了学习兴趣。

旋律线的另一种表现方式

尚世杰

【发现问题】

欣赏格里格的《晨景》，需要多种聆听方式，来帮助学生记忆主题和区分主奏乐器。

【分析原因】

抽象的音乐需要外显的形式来体验。

【解决策略】

每人准备一张纸盘子，《晨景》作为背景音乐，在盘子的反正面画上跟天空有关的图画。然后，两人一组面对面，各自双手持盘，其中一人主动听音乐，将盘子在空中划出旋律高低起伏的线条，另一人跟随复制对面一人的动作。长笛主奏的时候，盘子的正面朝外，双簧管主奏的时候，盘子的背面朝外。

【教学效果】

这是一个非常有表现力的音乐活动，它既能让集体融于音乐活动中，又能反映出个体的意义。

游戏辅助聆听

尚世杰

【发现问题】

歌曲《小斑鸠对我说》节奏活泼多变，旋律跳跃，再加上“$\underline{\underline{X\ X}\ X}$”和“$\underline{X\ \underline{X\ X}}$”节奏反复交替出现，以及歌曲中间的过门，学生对乐句的衔接把握得不是很准确。

【分析原因】

歌曲中的几个小过门，给歌曲增加了趣味的同时，也给学唱增加了难度，学生需要对歌曲有多次完整的聆听经验。

【解决策略】

教师弹奏歌曲的旋律，并做变速或停顿的处理，同时，学生随着音乐快慢的交替变化做行进律动的游戏，即音乐快，脚步快；音乐慢，脚步慢；音乐停，脚步停。建议分小组活动，一个小组活动时，其他几个小组观察，通过观察别人的律动，判断出谁的动作与音乐匹配，以此达到反复聆听音乐的目的。

【教学效果】

连贯和积极的真实行动，将音乐实践浸入课堂教学之中，使“感知和反应”触及音乐聆听素养的本质，帮助学生全身心地投入音乐。

在过门处加动作

尚世杰

【发现问题】

学唱歌曲《小斑鸠对我说》，在句间过门处学生不会等待，总是抢拍。

【分析原因】

对音乐性的敏感度低。

【解决策略】

教师范唱，在过门处按节拍做“听”的动作，一拍一次。熟练后，再请一位同学将“听”的动作转换成敲击三角铁或其他打击乐器。

【教学效果】

过门也是歌唱的一部分，用动作或打击乐填充此处，增加了教学的趣味性，丰富了音乐色彩，能帮助学生更好的建立内心节拍，使其能够从容地等待过门，并准确进入歌唱。

第五章

器乐教学

“身体乐器”敲响课堂欢乐的节拍

潘彦瑾

【发现问题】

在学习二年级《鲤鱼风筝》一课时，教师先让学生复习3/4拍子的节奏及含义，又通过划拍子和敲打拍子的方式感受3/4拍子的节奏型，虽然也达到了学习目的，但学生的学习热情并不高。

【分析原因】

教师被动讲授，使活动形式单一，学生缺少主动参与性。

【解决策略】

1. 教师启发：我们的身体是一个庞大的乐队，除了拍手，你还能在我们身体上找到哪些乐器?

2. 学生边讨论边探索：弹舌伴奏、身体律动（模仿鲤鱼摇头摆尾）、用脚来打节拍伴奏等丰富的表现形式。

3. 用身体乐器中的不同音色组合成三拍子韵律的声响节奏。

4. 分小组多形式组合活动。

【教学效果】

探索身体音响，并把它们组合成韵律节奏，不仅挖掘了儿童潜藏的节奏本能，还促进了他们自我表现和创作的欲望，这是培养创造力最简单又最有效的教学方法。学生会从自己与生俱来的节奏感中体会音乐的魅力，因此而产生的满足感会激发他们主动参与的热情。

初学竖笛不枯燥

杨　竹

【发现问题】

初学小乐器时，因学生还不能吹奏所有音，也不能吹奏出出完整的乐曲，常感到很无聊。

【分析原因】

乐器学习之初，只能吹单音、练气息，不能吹出完整的旋律音乐，学生很难有成就感。

【解决策略】

为了让学生能熟练吹奏好长音和短音，用一个音“5”把长音和短音整编成一条完整的练习曲，然后老师吹奏一首乐曲，学生用“5”的短曲做二声部演奏，共同完成此乐曲。

【教学效果】

虽然学生还是只吹奏了简单的长音和短音，但是通过与老师一起吹奏完成了一个二声部乐曲，既增强了他们的成就感，又学会了聆听。为了可以跟老师吹奏的一样，学生会更加努力，这也激发了他们的学习动力。

吹管器乐课中“默吹”的重要性

杨 竹

【发现问题】

在吹管乐课中，50多名学生一人一件乐器，在老师讲授新乐谱时，总是会有学生不时地随意吹奏，场面嘈杂混乱。

【分析原因】

学生人数众多，第一次试奏对乐谱不熟悉，乐谱有一定的难度，学生很难第一次就吹奏准确。

【解决策略】

学习“默吹”，学生口唱旋律，手按照正确的指法去按相对应的音，速度从慢到快，当学生熟练以后，再吹奏。

【教学效果】

学生演唱旋律，可以强化对乐谱的熟悉度，在演唱时手指用正确的指法演奏，既是对音符对应指法反应的训练，又是对乐谱指法的一个练习。当学生练好以后，再吹奏时，会非常的整齐，有利于学生听觉的发展。

打击器乐教学的分组

尚世杰

【发现问题】

在一个空间比较大的教室里，同学们选择自己喜爱的乐器，然后同一种乐器的分成一组。在没有教师提前规定好位置的前提下，学生不能从容地选择好自己的位置，甚至会花很长时间。

【分析原因】

空间方位感较弱。

【解决策略】

每个小组推选一个领队，每个领队在教室内分别为自己的小组选定一个位置，成员再跟随，聚拢在领队处。

【教学效果】

培养学生骨干的领导力，让课堂组织做到秩序井然。

儿歌与打击乐

尚世杰

【发现问题】

学生单纯地聆听打击乐合奏曲《鸭子拌嘴》，无法直接体会音乐中的韵味。

【分析原因】

学生对镲这一民族打击乐器比较陌生，而且纯粹的无音高打击乐演奏，学生有些摸不着头绪。

【解决策略】

从《两只小鸭捉鱼》的语言故事入手，根据音乐的节奏编童谣，分声部、分角色朗读，之后将语言替换成打击乐器，一声部用大镲，二声部用小镲。练习时注意音色和音量的对比，敲出情节，击出音乐形象。

2/4
小河 淌水 | 哗啦 啦 | 0 0 | 0 0 |
0 0 | 0 0 | 小河 淌水 | 哗啦 啦 |

哥俩 快乐地 | 在抓 鱼 | 0 0 | 0 0 |
0 0 | 0 0 | 哥俩 快乐地 | 在抓 鱼 |

噗通 0 | 噗通 0 | 噗通 0 | 噗通 0 |
0 噗通 | 0 噗通 | 0 噗通 | 0 噗通 |

嘎 0 | 嘎 0 | 嘎 0 | 嘎 0 ‖
0 嘎 | 0 嘎 | 0 嘎 | 0 嘎 ‖

【教学效果】

由于童谣极为形象地描绘了小鸭子捉鱼时嬉戏的情景，因此学生在表演中通过力度和音色的变化，活灵活现地表达了鸭子拌嘴的音乐形象。

给打击乐器编号

李珮旗

【发现问题】

大班额的打击乐器教学，不能同时人手一件乐器，但是还要做到教育公平。

【分析原因】

班级秩序不易调控。

【解决策略】

1. 给每一个乐器编号，以小组为单位抽签，每一个成员都能拿到自己抽取的号中所对应的小乐器。

2. 组员之间传递或互换乐器，小组间也可交换乐器。

【教学效果】

每次的抽签都能让同学们体验感受到不同打击乐器带来的乐趣，以抽签形式去设定学生拿相对应序号的小乐器，减少了学生焦虑选乐器的时间，促使学生在课堂中更自主地去了解乐器的不同音色和使用方法。

音条乐器教学的座位排列

尚世杰

【发现问题】

在单位时间内教师很难做到统一教学，学生经常出现“吃不饱”或“吃不好”等现象。

【分析原因】

班额大，学生音乐素质差异也大。

【解决策略】

1. 分AB角。A音乐基础好，B音乐基础弱，两人共用一台琴。在练习时，A可以做小先生帮助B。

2. 坐姿的调整。①有条件的班级可以配置可移动的小板凳，当A演奏时，B坐在板凳上休息。②若两人都坐在地板上，A采用盘腿坐姿演奏，B则双腿并拢双手抱膝休息，这样可以在有限的空间内，保障A的活动空间。

【教学效果】

每个人都享受到平等的音乐教育，小先生除了自己要做好之外，还可以帮助同伴学习，课堂气氛和谐，学习效率高。（说明：在帮助同伴时，尽量用手势和暗号，这样不会打扰其他学生，也不会给教师正在进行的教学带来干扰。）

竖笛或葫芦丝课堂常规

杨 竹

【发现问题】

器乐课中，学生随意乱吹奏乐器，课堂纪律难控制。

【分析原因】

学生对乐器充满了好奇，总是迫不及待地想去尝试。

【解决策略】

在学习乐器之前，教师应专门对学生进行“指令”训练。

三部指令法，第一步，“准备”，所有学生必须做好演奏准备姿势（最重要的是必须让吹嘴远离口）；第二步，“演奏”，老师给预备拍然后学生演奏，要让所有学生会看预备拍；第三步“结束”，当演奏结束，老师做了收的指挥动作时，学生必须在三秒后回到准备姿势。不吹奏时，所有学生把乐器统一放下，不要拿在手中。

【教学效果】

上课之初，演奏习惯的建立非常重要！看似简单的习惯训练，不但可以有良好的课堂秩序，让后期的器乐教学事半功倍，还可以让学生掌握正确的演奏姿势。

为歌曲配伴奏

陈贤军

【发现问题】

在教学中，教师经常会让学生运用打击乐器为歌曲配伴奏，但是很多学生无从下手，不知道怎么操作。

【分析原因】

学生对音乐风格和情绪难以把握，很难准确地演奏打击乐器。

【解决策略】

1. 教师根据歌曲的乐句在黑板上画一个四方形的图形：

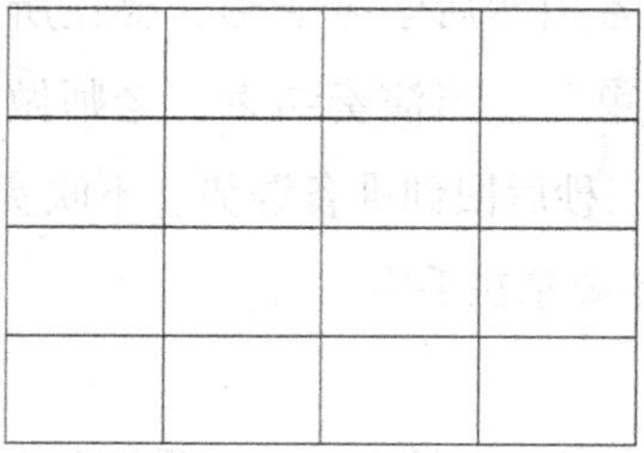

2. 让学生在方框里随意画出喜欢的图形，如星形、圆形、三角形等。

3. 假设是：

☆		☆	
	☆		☆
☆			
☆		☆	☆

4. 现在把每个小框作为四分音符来拍，就形成了四四拍的节奏，填写了图形的就拍手，没有填写图形就作为休止符号，先慢速熟悉节奏，再跟歌曲原速为歌曲伴奏。

5. 在拍手的地方加入打击乐器为歌曲伴奏，如：鼓、碰铃、响板等。

【教学效果】

鼓励学生大胆创编，以自己独特的方式表现音乐，在游戏的方式下完成了歌曲的伴奏型。出乎学生的意料，这一方法提高了学生的学习兴趣，丰富了音乐的内涵，为学生创造音乐提供了多种可能，开阔了学生的音乐视野和音乐思维。

第六章

评价形式

设置奖励机制

古莉莉

【发现问题】

二年级学生活泼，好动，常常在后半节课出现骚动。

【分析原因】

专注力弱。

【解决策略】

设奖励机制。每节课会有两位小朋友能当小指挥，每二十分钟选出一位。他可以模仿老师的样子，指挥学生唱歌。

【教学效果】

这种方式对学生来说使一种奖励也是一种荣誉，他们很需要肯定，也需要与众不同的表现，指挥的角色恰恰可以满足他们。大家在争取这个角色的过程中，会修正自己的行为，专注于老师的教学。

随机应变的点评

杨 竹

【发现问题】

在《丰收之歌》一课的教学中，让部分学生用乐器为歌曲伴奏，其他学生演唱。但此时一位学生将桌子当作大鼓来进行大力敲击伴奏，引发了其他很多学生的模仿，造成课堂一片混乱。

【分析原因】

学生正处于活泼好动的阶段，认为敲击桌子的行为与其他学生相比与众不同，可以吸引其他同学的目光。

【解决策略】

教师不要直接否定这位把桌子当打鼓敲的学生，可以顺水推舟，首先表扬和肯定他的创新能力和活动参与的积极性，在此基础上提醒他，伴奏应当对主旋律起到良好的衬托作用，而不能喧宾夺主，给他提出改进的建议。

【教学效果】

顺水推舟，因势利导。指的就是教师面对学生突发性的问题时，能够迅速把握住学生的反应，联系教学内容，并在此基础上展开教学的机智策略。这就要求教师可以根据教学情境的变化，挖掘“意外”的积极意义，并顺势将学生引到教学内容上来。情感激励，引导参与。随着学生年龄的增长，会出现部分学生不愿参与配合，致使课堂气氛较为尴尬的情况，此时教师可采取情感激励、引导参与的方式加以激励和引导。

音乐书上的评价记录

尚世杰

【发现问题】

随着每学期上学天数的增加，越来越多的学生上音乐课不带书。

【分析原因】

缺乏自我管理的能力。

【解决策略】

音乐书的最有一页有个音乐记录卡，其中有一栏是“老师、同学评语”。在音乐活动中，哪名同学表现得好，我就会在他的记录卡上亲自给他画个小音符作为鼓励，同时作为期终测评的重要依据。

【教学效果】

同学们再也不会把找把音乐书落在家里，而且还把音乐书保管得很好，课堂的主动参与度有所提升。

音乐学科测评的N种方式

尚世杰

【发现问题】

用统一的标准来测评、考核所有学生，不能激发个性表现。

【分析原因】

学习测评不再鼓励进取而是满足懒惰，不再激发创新而是通融平庸，不再完善认知而是包庇缺陷。

【解决策略】

1. 聆听音乐，谈谈音乐元素在音乐中所起的作用。

2. 在学习过程中发言积极，善于向同学和教师主动介绍一些生活中的音乐现象。

3. 能歌善舞并积极在课堂上展示。

4. 在音乐活动中乐于帮助同伴。

5. 能积极参与学校各种文艺演出或参加校外音乐类比赛。

6. 课堂上积极创作，并向同学和教师展示。

7. 能参与学校的音乐社团并将所学在同学面前经常展示等，都可以获得相应的学分。

【教学效果】

不同的学生用自己最适合的方式进行展示，这样一方面可以把学生最好的一面展示出来，增强其信心，可引导不同学生学习合适的内容，做合适的事情；另一方面，我们也要注意测评的尺度，虽然普通学校的音乐测评不能过于专业化，但最起码的学习态度和基本学科素养的要求还是要达到的。在音乐测评过程中，我们能宽容的是测评方式和测评内容，甚至是测评次数，但具体到学生学分评定时的考核是绝不可以蒙混过关的。要真真切切地通过测评促使学生在自己所选择的这一音乐领域有所收获，包括学科知识、学科技能、学习方法、学习态度等方面。

还可以这样评价学生

王 进

【发现问题】

音乐课堂上的学生表现各有差异，但是他们都希望得到老师及他人的认可，随堂的多元评价就显得至关重要。

【分析原因】

音乐技能的评价不是每个学生都能达到完美的表现，倘若能成为一个优秀的聆听者或欣赏者也值得表扬。

【解决策略】

课堂上，学生每一次的优秀表现就可集到一个印章，将其记录在音乐课本的记录卡上。

比如坐姿端正、发现他人的优点、积极回答问题、与人合作等，集齐10个印章就可以有一次上台自选表演项目的机会，同时每一次的台上表现也会作为期末考核的参考数据。

【教学效果】

对学生来说，每个学期的终极目标就是在期末考核中可以取得优异的成绩，但是学生平时的表现也不可忽略，因此教师用了集印章和特定音乐实践相结合的方式，编织了一个通向期末终期考核的积极链条，让学习的过程变得更有质量。

设计评价导语

李珮旗

【发现问题】

当遇到生生互评时，发现一年级的学生都特别的喜欢去评价找缺点，举手特别的积极，但是一旦开始评价了，却不会表达了。

【分析原因】

一是学生的语言组织能力有限，二是有教师的引导不明确。

【解决策略】

给一个评价导语，比如“你欣赏……〈关于声音，情感或者状态〉”“你建议……”。

【教学效果】

评价语的模板，可以让学生主动去倾听和欣赏别人，也让学生慢慢学会如何表达自己的想法。

第七章

其他类型教学

导入新课的情境性

杨　竹

【发现问题】

《丰收之歌》需要一个有趣的导入，来调动学生欢快的情绪。

【分析原因】

一个恰当的情景设计，会得到意想不到的课堂氛围。

【解决策略】

初听歌曲时，让学生跟着音乐做“摘果子”和“放果子”的动作，由这两个动作引入丰收的情境。接着让学生起立，边走边摘，想象自己也是劳动的一员。最后，让学生在音乐里表现自己创造的劳动动作。

【教学效果】

简单且贴合歌曲情境的律动动作，可以使学生更快的进入音乐。由于亲身参与，学生对学习产生浓厚的兴趣，再加上可以创编自己的动作，自我认同感也随之增加。

表演音乐幽默小品带来的启发

古莉莉

【发现问题】

在学习《木桶有个洞》时，学生表演不出生动、活泼的样子。

【分析原因】

学生接触音乐小品较少，没有理解歌曲想表达的意思。

【解决策略】

1. 教师手拿布偶，用风趣幽默的语言把歌词像故事一样阐释。

2. 鼓励学生把所理解的歌词用自己语气表达出来。

3. 用各种语调和夸张的表演来表现“哎呀呀，哎呀呀”的旋律。

【教学效果】

在夸张的表演中，体验同一角色不同的表现方式。

创造属于自己的歌

杨　竹

【发现问题】

体验音乐过于单一。

【分析原因】

学生学习知识多源于书本，很多歌曲也只是演唱课本中的内容，难有深刻体验。

【解决策略】

在学习《红叶》这首歌时，学唱以后，有同学说在深圳秋天很难看得到红叶，利用抓住这个契机，教师带领同学去观看校园的秋景。让学生以小组为单位仔细观察校园里有秋天特色的角落，细细体会，并记录下来。回到课堂，用《红叶》这首歌曲的旋律，小组创作歌词，编写属于深圳校园秋天的歌曲。

【教学效果】

那一节课每一位学生都积极认真地参与，并且留下了深刻的印象，也让孩子们知道音乐不只是在课堂、教室里才能学习和体会到的，大自然中也处处是音乐。这样良好的氛围激发了孩子蕴藏在内心深处无限的艺术潜力，形成自身对艺术的理解。

多声部伴奏

陈　思

【发现问题】

《哈哩噜》，四四拍子，结构方整。学生为歌曲进行多声部伴奏时，声部间容易混淆，无法准确地演奏出各个声部的节奏。

【分析原因】

简单的节拍伴奏比较枯燥，缺乏挑战性和音乐性。

【解决策略】

1. 教师在讲台上放四个白色纸杯，一边演唱歌曲一边用手指根据节拍，用从左往右的顺序指向纸杯，同时示意学生用“X X X X”的节奏拍手。

2. 教师将一个彩色杯子套在第一个纸杯上，指挥时经过彩色纸杯握拳代表停顿，节奏变为“0 X X X”，学生用摊手的动作表示休止。熟练后，请一名学生在休止处用打击乐演奏。

3. 教师将第二个和第四个杯子倒放，并用拍腿的动作代替，学生模仿。熟练后，将学生分成三个声部进行演奏。

打击乐：4/4　X　0　0　0 |

击掌：　4/4　0　0　X　0 |

拍腿　　4/4　0　X　0　X |

【教学效果】

借助视觉辅助，从易到难逐步分解多声部的伴奏音型。从一开始的拍手动作，到强拍、次强拍以及弱拍的不同动作合作，完整呈现出多声部的配合。通过反复的训练，当音乐响起时，学生能够主动地聆听音乐，同时积极地去关注与其他声部的配合。

教学语言的启发性

尚世杰

【发现问题】

《青春舞曲》一课，在歌曲学会后，接下来的环节是学跳新疆舞。那么在两个环节之间用怎样的语言过渡，既能唤起学生主动的参与的愿望，又过渡得自然而然呢?

【分析原因】

教师只关注教学环节，忽视与学生情感的交流，导致教学语言生硬，缺少启发性。

【解决策略】

教师要淡化指挥者的角色，从一个共同参者的身份跟学生商量接下来我们应该做些什么，启发学生自己设计活动。比如，教师可以这样说："刚才我们唱了歌，还用乐器伴奏，这首歌的名字是《青春舞曲》（语气强调"舞曲"二字），似乎我们的课堂还缺少点什么？"有了这样的引导，学生自然会想到此时大家还可以跳跳舞，于是教室里载歌载舞的情景就不难出现了。

【教学效果】

通过教师启发性的语言，达到了学生自主活动的目的。

“真诚”化解了紧张

尚世杰

【发现问题】

学习《我们的学校亚克西》一课时，舞步学会后学生创编上肢动作，在欣赏了两段富有感染力的舞蹈视频之后，从大家沉醉的表情上，我感觉到他们很想跳舞，但是又不知怎样表现得更好。

【分析原因】

学生找不到创编规律，无从下手。

【解决策略】

教师这样引导学生：“你们知道吗？舞蹈不是非要学别人的”“可以自己编，只要是发自内心的舞蹈，都是美的。”当学生的心打开了，教师再把他们创编的动作进行提练。

【教学效果】

学生被舞蹈的美所吸引，又怕自己不够娴熟的舞技“破坏”了他们心目中的美好，从而限制了他们的行动。教师的引导语，让学生立即消除了心里障碍，可以根据舞蹈视频的启发，随心所欲的舞蹈了。

开学第一课的见面“礼”

尚世杰

【发现问题】

听音乐进教室，学生兴奋，不关注音乐，跑跳吵闹。

【分析原因】

教师指令不明显。

【解决策略】

指导学生脚步放轻，并带领学生走，用眼睛、手势和身体给学生指挥，需要时可个别指导，但不影响整体学生的快乐心情。

【教学效果】

教师的带领很重要，尤其是在行进过程中，教师明确而坚定的指令能清晰地向学生传递正确的行动信号，使学生不再因盲目行动成为音乐活动中不安定的因素。

看图，玩声音的游戏

古莉莉

【发现问题】

很多歌曲作品中都会出现渐强和渐弱的表情记号，学生的表达不够自然。

【分析原因】

对声音的控制不自如。

【解决策略】

教师在黑板上画圈，画到圆的高点时就是强，低点就是弱。

【教学效果】

这个方法学生很喜欢，而且在歌唱中充分感受表情记号给歌曲带来的魅力。

附

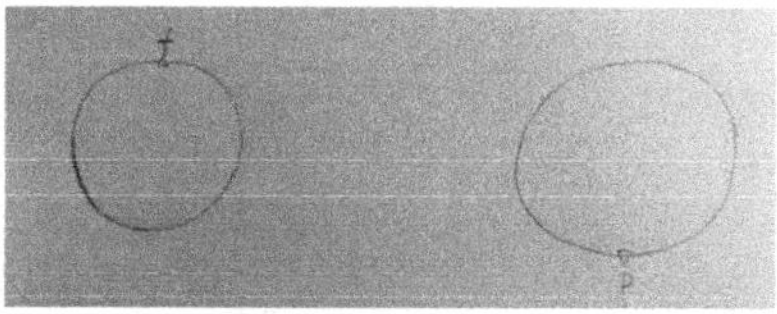

歌曲中的表情记号

随机应变的课堂

尚世杰

【发现问题】

由于停电，无法认识电子合成器。利用这个契机，做个创编活动。

【分析原因】

如果更换教学主题，会因为教学内容准备不充分而影响教学效果。

【解决策略】

设计“人工合成器”，做回旋曲式的练习。首先借用之前学过的歌曲《我驾飞船上蓝天》作为主部——A，然后在根据飞船从点火、发射、升空、进入太空环绕地球飞行直至着陆的过程，创作声响作为各个插部。声响的道具可选择书、篮球、矿泉水瓶、嗓音或身体等。

【教学效果】

在上课的时候，突发的状况时有发生，教师必须要保持冷静，随机应变地把课进行下去。苏霍姆林斯基说：“教育的技巧并非在于能预见到课的所有细节，而在于根据当时的具体情况，巧妙地，在学生中不知不觉中做出相应的变动。”这节课的随机应变使用了将计就计法，把停电事件发展成学生自我展示、创新、协作、探究的舞台。

提问的时机

古莉莉

【发现问题】

在欣赏《彼得与狼》中，学生容易忽视教师提问。

【分析原因】

提问的时机和方法不对。

【解决策略】

先听音乐，后提问。再把问题设计为：“你认为哪一段是最有意思的？为什么？学生在回答问题时，可在教师引导下说出不同乐器的不同音色，其他同学也可发表自己的看法。不断回忆刚才听到乐曲中不同乐器演奏的片段，解开心中的疑惑。再次欣赏，学生会对乐曲中多种乐器的音色会更加关注。

【教学效果】

课堂提问是实现师生沟通交流、交往互动、理解与对话的重要手段，也是培养学生合作交流能力、独立思考的重要途径，有效提问会让一节课的内容更加深刻的印在学生心里。

音乐书的妙用

尚世杰

【发现问题】

小朋友做地面音乐集体活动时，总是拥挤冲撞，尤其在围圆圈的时候，更加把握不好分寸。

【分析原因】

围圆圈是小朋友最喜欢的队形，因为这样他们可以看见每一个同伴的表现，可是，总会因为兴奋过度导致推挤相撞。

【解决策略】

围成圆圈后，把音乐书放在自己的脚尖前的地面上，这样音乐书固定成了一个圆圈。以音乐书作为参照物，小朋友无论做单圈活动或变成双环队形，都不用再拥挤无序了。

【教学效果】

有书固定在地上做参照，小朋友们就会控制自己的脚步和动作，注意和同伴之间合作。

音乐与生活

尚世杰

【发现问题】

学唱《唐老伯有个小农场》，歌儿中有模仿农场中动物的声音，如何让枯燥的歌词变得有趣，让学生保持歌唱的兴趣?

【分析原因】

学生机械的歌唱，源于对农场的陌生，生活经验的链接出现障碍。

【解决策略】

用歌唱的方式讲述小农场的故事，通过自己的联想创造歌词。结合学生平时的涂鸦爱好，在黑板上“开发”一块小农场，并根据自己已有的生活经验在里面添加小动物，每添加一个，就根据它的特点即兴创作歌词。

【教学效果】

学习内容跟生活相关，是激发学生学习兴趣的最好手段。

用眼神“交朋友”

陈　思

【发现问题】

组织学生做“体验休止符”的热身活动时，学生需要用与同伴击掌的方式代替休止符，在寻找同伴的过程中场面混乱，难以有秩序地进行。

【分析原因】

一部分学生因找到了同伴兴奋地喊叫，而找不到同伴的学生会在教室慌乱奔跑。

【解决策略】

教师示范，边哼唱旋律边有节拍地随意走动，在击掌前先用眼神确定同伴，随后在休止处果断地进行击掌。若没有及时找到同伴就自己独自拍手。

【教学效果】

学生会提前做好拍手准备，学会有计划地去做事情。